KB202938

아우구스티누스의
생애와 사상

아우구스티누스의 생애와 사상

2024년 11월 7일 처음 펴냄

지은이 | 이양호
펴낸이 | 김영호
펴낸곳 | 도서출판 동연
등 록 | 제1-1383호(1992년 6월 12일)
주 소 | 서울시 마포구 월드컵로 163-3 201호
전 화 | 02-335-2630
팩 스 | 02-335-2640
이메일 | yh4321@gmail.com
블로그 | https://blog.naver.com/ymedia0116

ISBN 978-89-6447-057-2 03230

아우구스티누스의

생애와 사상

| 이양호 지음 |

AUGUSTINUS

동연

머 리 말

아우구스티누스는 고대 시대를 마감하고 중세 시대를 연 인물이다. 아우구스티누스는 고대 시대에 대해 매우 비판적이었다. 그는 고대 문학 작품들과 연극들의 불륜성을 비판하였다. 그는 학교에서 그런 문학 작품들을 가르치는 것을 비판하였다. 또한 그는 학교에서 학생들에게 체벌하는 것을 비판하였다. 그는 원형 경기장에서 있었던 격투들과 그것들을 즐겼던 사람들에 대해 비판하였다. 그는 정의가 없는 국가는 해적 떼와 다름없다고 주장하였다. 아우구스티누스에게 있어서는 고대 사회와 문화 속에 선한 것들이 보이지 않았다.

아우구스티누스는 새로운 사회와 문화를 열망하였다. 그것은 자기를 사랑하는 사회와 문화에서 하나님과 이웃을 사랑하는 사회와 문화로 변화하는 것이었다. 이런 점에서 아우구스티누스는 중세 사회와 문화에 큰 영향을 미쳤다. 중세의 많은 것이 아우구스티누스에게서 유래하였다. 그러나 아우구스티누스의 정신이 살아 있었다고 말할 수 있을는지 의문이다. 그레고리우스 대교황은 아우구스티누스의 거의 모든 것을 이어받았다. 그러나 아우구스티누스의 정신에 충실했는지는 의문이다. 찰스 대제는 아우구스티누스의 '신국'의 실현을 위해 노력하였다. 그러나 찰스 대제가 세운 나라가 자기 사랑을 버리고 하나님을 사랑하고 이웃을 사랑하는 나라가 되었는지는 의문이다.

아우구스티누스가 고대 사회를 비판하고 새로운 사회를 열망하였기 때문에 그의 사고 구조는 큰 틀에서 보았을 때 양자택일적(either/or)이었다. 새로운 사회냐 고대 사회냐, 기독교냐 마니교냐, 전통적 교회냐 도나투스파 교회냐, 아우구스티누스주의냐 펠라기우스주의냐, 하나님의 도시냐 땅의 도시냐 하는 것이었다. 그러나 작은 틀에서 보았을 때는 양자선택적인(both/and) 면이 있기도 하였다.

기독교 신학은 아우구스티누스에게 크게 빚졌다. 삼위일체론은 아우구스티누스에게 와서 완성되게 되었다. 그리스도론은 아우구스티누스가 제시한 방향대로 발전하였다. 아우구스티누스의 인간론은 지속적으로 영향을 미쳤다. 아우구스티누스의 교회론은 전통적 교회론이 되었다. 본서가 그리스도교의 삼위일체론과 그리스도론과 인간론과 교회론을 이해하는 데 기여하기를 바란다. 나아가서 본서가 아우구스티누스의 원전을 직접 읽도록 하는 계기가 되기를 바란다.

또 아우구스티누스는 성서 시대 이후 기독교 역사에 있어서 가장 중요한 인물이다. 프로테스탄트교회와 로마가톨릭교회가 다 그를 존중하고 있다. 그는 서양 고대 시대를 마감하고 중세 시대를 열었다. 그는 당시의 서양 고전 문화에 대해 매우 비판적이었다.

아우구스티누스는 신학뿐만 아니라 철학에도 깊은 영향을 주었다. 현대 철학의 아버지라고 여겨지는 데카르트의 저서인 『성찰』은 아우구스티누스의 『아카데미아 학파 반박』의 큰 영향을 받았다.

이 책은 합동중앙총회 목회자 세미나에서 행한 강의를 편집한 것이다. 강의 원고는 이미 발표한 논문들을 모아 정리한 것이었다. 그래서 다소 난해한 부분들이 있을 것이다. 각 장의 "결언" 부분을 먼저 보는 것도 좋은 방법일 것이다. "인식론" 부분은 더 난해하게 느껴질지 모르겠다. 그런 분들은 맨 나중에 읽어 보기 바란다. 이 원고를 출판해 주신 도서출판 동연 김영호 대표님께 깊은 감사를 드린다.

이양호

약 자 표

ANF	Ante-Nicene Fathers: The Writings of the Fathers Down to A.D. 325
CCSL	Corpus Christianorum Series Latina
Inst.	*Calvin: Institutes of the Christian Religion*
LCC	The Library of Christian Classics
LW	*Luther's Works*
NPNF 1	A Select Library of the Nicene and Post-Nicene Fathers of the Christian Church, First Series
NPNF 2	A Select Library of the Nicene and Post-Nicene Fathers of the Christian Church, Second Series
OS	*Joannis Calvini Opera Selecta*
OSA	*Obras de San Agustin* in Biblioteca de Autores Cristianos
WA	*Luthers Werke*

차 례

3장 | 삼위일체론

4장 | 그리스도론

5장 | 죄론과 은총론

1장
생애

1. 서언

아우구스티누스는 기독교의 모든 교파가 존중하는 교회의 아버지(Father of the Church)이고, 교회의 박사(Doctor of the Church)이다. 그래서 수많은 학자가 아우구스티누스를 연구해 왔으며, 따라서 아우구스티누스의 연구는 계속해서 발전할 수밖에 없다. 피터 브라운(Peter Brown)은 1967년에 매우 훌륭한 아우구스티누스 전기를 썼다. 그러나 그 후 "디브작 서신"(Divjak letters)과 "돌보 설교"(Dolbeau sermons)가 발견되었기 때문에 개정판을 낼 수밖에 없었다.[1] 1975년에 비엔나(Vienna)의 요하네스 디브작(Johannes Divjak)

---

1 Peter Brown, *Augustine of Hippo: A Bibliography. A New Edition with an Epilogue* (Berkeley and Los Angeles, California: University of California Press, 2000).

이 프랑스로 갔다. 그는 마르세이유의 시립도서관(Bibliothéque Municipale of Marseilles)에서 지금까지 알려지지 않은 아우구스티누스의 편지 27통을 발견했다. 이것을 디브작 서신이라고 부른다.[2] 그리고 1990년에 파리의 프랑소아 돌보(François Dolbeau)가 마인츠의 시립도서관(Stadtbibliothek of Mainz)에서 아우구스티누스의 설교 26편을 발견했다. 이것을 "돌보 설교"라고 부른다.[3] 브라운은 이 편지들과 설교들을 연구한 후 이렇게 말하였다. "그것은 신학자 아우구스티누스나 사상가 아우구스티누스의 목소리가 아니다. 그것은 감독 아우구스티누스의 생생한 목소리이며 감독으로 매우 친숙하고 일상적인 목소리이다."[4] 또한 브라운은 이렇게 말했다. "요컨대 나는 돌보 설교들과 디브작 서신들에 나타난 아우구스티누스는 내가 1960년대에 이용할 수 있었던 자료들을 읽고 생각한 아우구스티누스보다 훨씬 덜 권위주의적이고 덜 엄격한 인물임을 발견하였다."[5]

또한 1999년에 편집 출판된 『아우구스티누스 백과사전』[6]은 아우구스티누스 연구를 집대성한 것으로 아우구스티누스 연구에

2 Ibid., 442-443.

3 Ibid., 443.

4 Ibid., 445.

5 Ibid.

6 *Augustine through the Ages: An Encyclopedia*, ed. Allan D. Fitzgerald, O. S. A. (Grand Rapids, Michigan: William B. Eerdmans Publishing Company, 1999).

빼놓을 수 없는 자료가 되었다. 그리고 2001년에 케임브리지대학교 출판사에서 출판한 『아우구스티누스 입문서』는 아우구스티누스 연구 전문가들의 최근 연구 결과를 잘 보여 주고 있다. 1994년에 독일어로 출판되고 2007년에 영어로 출판된 후베르투스 드롭너(Hubertus R. Drobner)의 『교부론』은 최근의 아우구스티누스 연구 결과를 잘 요약해 주고 있다. 2008년에 출판된 테스키(Roland J. Teske, S. J.)의 『하나님과 영혼의 인식』은 신플라톤주의와 관련하여 아우구스티누스의 독특한 공헌을 명료하게 보여 준다.

2. 초기 생애

아우구스티누스는 354년 11월 13일 북아프리카의 누미디아(Numidia)주에 속한 도시인 타가스테(Tagaste)에서 태어났다. 타가스테는 지금의 알제리의 숙아라스(Souk-Ahras)이다. 그의 아버지의 이름은 파트리키우스(Patricius)며 로마의 궁정 관리였다. 그는 기독교 신앙인이 아니었으며 371년 죽기 직전에 와서야 세례를 받았다. 어머니의 이름은 모니카(Monica 또는 Monnica)이며 열성적인 그리스도인이었다. 그의 형제자매들은 거의 알려지지 않았다. 그러나 그중 나비기우스(Navigius)라는 형제가 있었는데, 그는 후에 아우구스티누스를 따라 밀라노(Milano)와 카시키아쿰(Cassiciacum)으로 갔으며 타가스테의 수도원적 공동체에 들어갔다. 또한 이름이 알려지지 않은 자매가 있었다. 아우구스티누스가 『고백록』에서 어머니 모니카가 "아들들을 키웠다"[7]라고 복수로 말한 것과 그가 조카들과 조카딸들에 대해 언급한 것으로 보아 형제자매들이 더 많았던 것으로 추측된다. 아우구스티누스는 당시의 관례에 따라 태어난 뒤 세례 지원자로 등록되었으며, 그의 어머니는 그를 기독교 신앙으로 양육하였다. 그러나 성인이 될 때까지 세례를 미루는 당시의 관례에 따라 세례는 받지 않았다. 그는 기독교로 개종하기 전에 많은 탈선을 하였고 정통 교회 밖에 있었지만, 자신이 기독교인이라고 생각했으며 그리스도를 추구하였다. 모니카는 그를 정통 교회로 인도하는 일을 결코 포기하지 않았다.

그의 부모는 재산이 많지 않았지만, 재능 있는 아우구스티누스를 교사나 법률가나 정치인 같은 전문인으로 키우기 위해 할 수 있는 한 최고의 교육을 받게 하였다. 그는 기초 단계에서 읽기, 쓰기, 수학을 공부하였다. 그리고 다음 단계에서 문법학자(gramaticus)에게서 언어학과 문학을 공부하였다. 이 공부는 고향 타가스테에서 마쳤다. 그리고 그다음 단계로 수사학자(rhetor)에게서 변증법과 수사학 및 인문학(artes liberales)을 공부하였다. 인문학에는 수학,

---

7 Augustine, *Confessions*, 9.9.22, (26 vols.; the Library of Christian Classics; London: SCM Press, 1955), 7:192. 영어 번역에서는 "brought up her children"이라고 했으나 라틴어 원문에서는 "*Nutrierat filios*", 즉 "아들들을 키웠다"고 하였다. *Obras de San Agustin*, vol. 2 (Biblioteca de Autores Cristianos; Madrid: La Editorial Catolica, S. A., 1974), 370.

음악, 기하학, 천문학, 철학 등이 있었다. 이 공부를 위해 아우구스티누스는 처음에는 이웃 도시인 마다우라(Madaura)로 갔다가 370년에는 카르타고(Carthago)로 갔다. 마다우라는 지금의 알제리의 도시인 음다우루쉬(Mdaou-rouch) 부근에 있던 도시였다. 그리고 카르타고는 현재 튀니스의 동부 지역으로 당시에는 주도였으며 북아프리카의 정치적, 문화적 중심지였다. 아우구스티누스는 그의 『고백록』에서 학창 시절을 생생하게 묘사하고 있다. 그는 다른 아동들처럼 자기의 모국어를 무의식적으로 자연스럽게 터득하였다. 그리고 고향 타가스테에서 초등학교에 들어갔는데, 초등학교 교육은 관례에 따라 체벌을 겸한 강압적인 교육으로 아우구스티누스의 기질에 맞지 않았다. 그는 헬라어 교육을 싫어하였으며 헬라어에 능통하지 않았다. 그러나 라틴어 문헌 공부에는 열성을 보였으며 라틴어에 뛰어났다. 아우구스티누스의 전기를 쓴 포시디우스(Possidius)는 아우구스티누스의 교육에 대해 이렇게 말하였다. "그는 그들[부모들]의 돌봄과 면려에 의해 세속적 학문의 특별한 교육을 받고 자라났다. 즉, 그는 인문학 분야의 모든 학문의 교육을 받았다."[8]

아우구스티누스는 열여섯 살에 마다우라에서 집으로 돌아왔다. 그의 부모가 아우구스티누스가 카르타고에서 지낼 학비를 마련할 때까지 고향에서 쉴 수밖에 없었다. 『고백록』에서 말하듯이[9] 아우

8 Bishop Possidius, *The Life of St. Augustine* (Las Vegas, NV: Beloved Publishing, 2024), "chapter 1," 2.

구스티누스는 이 시기에 성에 관심을 가지기 시작하였다. 그의 아버지는 곧 손자를 보리라고 기대했지만 그는 손자가 태어나기 전에 사망하였다. 아우구스티누스는 이 시기에 친구들과 어울려 나쁜 짓을 하였다. "한술 더 떠서 나는 쾌락을 위해서가 아니라 대개는 칭찬을 들으려고 그런 짓을 즐겼나이다. 악덕만큼 욕 들을 만한 게 있나이까? 하오나 나는 칭찬을 계속 들으려고 더욱 못되게 굴었나이다. 또래 가운데 가장 못된 친구들처럼 범죄하지 못했을 때는 하지도 않은 짓을 했노라고 말하려 했으니, 그들보다 깨끗하다 하여 그들의 조롱을 당하지 않고 그들보다 더욱 순결하다 하여 그들의 놀림을 당하지 않으려 함이었나이다."[10] "하오나 나는 강도질을 하고픈 욕망이 있었고, 배고픔이나 가난 때문에 어쩔 수 없이 한 게 아니라 선행에 대한 경멸과 죄악에 대한 강한 충동 때문에 저질렀나이다…. 나는 훔친 것을 향유하고자 한 게 아니라 도둑질과 죄 자체를 즐기고자 하였나이다."[11]

아버지가 세상을 떠난 후 아우구스티누스는 한 여인과 동거 생활을 시작하였다. 그러나 두 사람의 신분 차이 때문에 정식으로 결혼하지는 않았다. 372년에 아들이 태어났는데 이름을 아데오다투스(Adeodatus)라고 하였다. "하나님으로부터 주어졌다"는 뜻이

---

9 Augustine, *Confessions*, 2.3.6, LCC 7:52-53.

10 Augustine, *Confessions*, 2.3.7, LCC 7:53.

11 Augustine, *Confessions*, 2.4.9, LCC 7:54.

다. 열아홉 살 때 그는 키케로의 대화록인 『호르텐시우스』(*Hortensius*)를 읽었다. 호르텐시우스는 이 대화록에 나오는 인물의 이름이다. 이 저작은 현재 전해지지 않고 있다. 이 저작은 그에게 "지혜를 향한 사랑"을 불붙였다. 그는 이 저작 때문에 끊임없이 지혜를 추구하였다. 그러나 이 저작은 아우구스티누스가 기독교로 가는 데 장애가 되기도 하였다. 그는 이 시기에 성서를 읽었으나 구약 성서의 야만적인 역사 때문에 실망했고 또한 키케로의 문장과 비교하여 세련되지 않은 문체에 실망하였다고 말하였다.

이 시기에 그는 마니교를 접하게 되었다. 마니교는 이원론적 사상이었다. 마니교는 이렇게 주장하였다. "빛과 어둠이라는 두 원리는 동등하게 영원히 존재하며 상호 적대적이다. 빛의 원리는 선이고 어둠의 원리는 악이다. 인간은 영과 물질로 이루어져 있기 때문에 인간의 내면은 선과 악의 싸움터이다." 아우구스티누스는 마니교에서 자기가 찾던 것을 발견하였다고 말하였다. 거기에는 교회가 주장하는 교회의 권위에 근거한 단순한 신앙이 아니라 그리스도에 대한 언급이 있었고, 합리성이 있었고, 문화가 있었다고 말하였다. 또한 거기에는 구약에 대한 배격, 악의 유래에 관한 그럴듯한 대답이 있었다고 말하였다. 마니교에는 두 부류의 신자가 있었다. 한 부류는 청취자(*auditores*)이고 다른 더 높은 부류는 선택자(*electi*)였다. 마니교에서는 선택자에게는 윤리와 금욕주의의 매우 높은 단계를 요구했지만, 청취자에게는 그렇게 하지 않았다. 아우구스티누스는 9년 동안 청취자로서 마니교의 가르침을

따랐다.[12]

아우구스티누스는 374/375년에 교사로 일하기 위해 고향인 타가스테로 돌아왔다. 그는 타가스테의 부유한 마니교도인 로마니아누스(Romanianus)의 지원을 받았다. 로마니아누스는 아우구스티누스가 1년 후 절친한 친구의 죽음으로 인하여 카르타고로 돌아갈 때 추천서를 써 주었다. 포시디우스는 "그는 처음에는 자기 자신의 도시에서 문법을 가르쳤으며, 후에는 아프리카의 수도인 카르타고에서 수사학을 가르쳤다"라고 말하였다.[13]

아우구스티누스가 카르타고로 돌아와서 일하는 동안 그는 점점 더 실망을 느꼈다. 학생들은 예의가 없었다. 그는 마니교 체계의 내적 모순들에 대해 비판적인 질문을 했으나 마니교도들은 답변하지 못하였다. 그래서 그는 내면적으로 마니교에서 점점 멀어졌다. 마니교도들은 그들의 영적인 지도자인 파우스투스(Faustus) 감독이 오면 답변해 줄 것이라고 말하였다. 아우구스티누스가 스물아홉 살이 되었을 때 파우스투스가 왔다. 그러나 파우스투스는 아우구스티누스의 질문에 답변하지 못하였다. 그러나 아우구스티누스는 마니교와 공식적으로 관계를 끊지 않았다. 그의 친구들은 그를 로마로 추천하였다. 그는 로마에 가면 더 잘살게 되고 학생들도 더 고분고분할 것이라고 기대하면서 로마로 갔다.

---

12 Augustine, *Confessions*, 4.1.1, LCC 7:76.

13 Possidius, *The Life of St. Augustine*, "chapter 1," 2-3.

383년 아우구스티누스는 로마에 도착하였다. 그는 로마에 오래 머물지 않았다. 그는 로마에서도 학생들에게 실망하였다. 로마의 학생들은 훈련은 잘 되어 있었으나 스승의 사례금을 횡령하였다. 그에게 출세할 좋은 기회가 생겼다. 밀라노에 있는 황실 궁정에서 로마시의 시장인 심마쿠스(Symmachus)에게 밀라노에서 일할 수사학 교사(magister rhetoricae)를 추천하라고 명령하였다. 그 직책은 황제나 다른 중요 인물들을 찬양하는 연설을 하는 것이었고 또한 수사학을 가르치는 것이었다. 아우구스티누스는 마니교 친구들의 도움으로 추천을 받게 되었으며, 384년 가을에 이 직임을 맡기 위해 밀라노에 도착하였다. 포시디우스는 "그는 로마시와 밀라노에서 교사가 되었는데, 밀라노는 발렌티니아누스 2세가 황제의 궁정을 건축한 곳이었다"라고 말하였다.[14] 384년 밀라노에서 공식적인 연설가(official Orator)로 임명되었다.

3. 회심

밀라노에서 암브로시우스(Ambrosius) 감독을 만난 것은 아우구스티누스의 생애에 있어서 큰 전환점이 되었다. 아우구스티누스는 내면적으로는 마니교를 완전히 떠났으며, 정통 교회의 세례 지망자

---

14 Possidius, *The Life of St. Augustine*, "chapter 1," 3.

로 암브로시우스 감독의 예배에 참석하였다. 아우구스티누스가 고백록에서 말한 바와 같이[15] 그가 암브로시우스 감독의 예배에 참석한 것은 진리를 얻기 위해서가 아니라 암브로시우스가 그가 도착했을 때 따뜻하게 영접해 주었기 때문이었다. 또한 아우구스티누스는 그가 정말 훌륭한 수사가인지 확인하고 싶었다. 아우구스티누스가 보기에는 암브로시우스의 설교는 수사가로서의 그의 명성 이상이었다. 또한 암브로시우스가 구약 성서를 플라톤주의적으로, 영적으로 해석하는 것을 들으면서 그가 전에 구약을 미개하다고 생각했던 것을 수정할 수 있었으며 또한 구약 성서에 대한 마니교의 비판을 극복할 수 있었다. 아우구스티누스는 이제 마니교와 완전히 결별하였다. 모니카는 385년 봄에 밀라노에 도착하여 이 사실을 알고 크게 기뻐하였다. 그러나 아우구스티누스는 이때 아카데미아 학자들의 회의주의에 빠져 있었다. 그래서 그는 모든 확신에 대한 방법론적 회의 속에 있었다. 그의 어머니 모니카는 아우구스티누스가 결혼할 처녀를 선택하였다. 그러나 그녀는 법적인 결혼 연령인 12세보다 2년이 어려서 결혼할 수 없었다. 아우구스티누스가 13년 동안 동거해 온 동거녀는 아프리카 고향으로 돌아갔다. 아우구스티누스와 동거녀 사이에 태어난 아들 아데오다투스(Adeodatus)는 아우구스티누스와 함께 밀라노에 머물렀다. 아우구스티누스는 결혼할 처녀가 결혼할 정년이 될 때까지 다른 한 여인과

15 Augustine, *Confessions*, 5.13.23, LCC 7:110-111.

살았다.

아우구스티누스는 금욕주의 속에서 지혜를 추구하는 삶과 성적 욕망 사이에 갈등하고 있었다. 386년 초에 아우구스티누스는 신플라톤주의자들의 저서를 읽게 되었다. 그는 신플라톤주의를 통해 선이신 하나님에 대한 영적인 개념을 알게 되었으며 또한 악은 선의 결여이며 실체가 없는 것임을 알게 되었다. 이때 아우구스티누스는 바울의 서신을 연구하게 되었다. 아우구스티누스는 바울을 플라톤주의적인 종합을 받아들인 은총의 교사라고 생각하였다. 그는 『고백록』에서 이렇게 말하였다. "내가 다른 곳에서 읽은 지혜들이 여기서는 당신의 은총을 찬양하면서 언급되는 것을 발견했습니다."[16] 그는 처음으로 이성이냐 신앙이냐 하고 양자택일적인 것으로 보지 않고 이성과 신앙 양자가 보완적 일치 속에 속함을 깨닫게 되었다. 후에 그는 이성과 신앙의 상호 보완성을 다음과 같이 표현하였다. "믿기 위하여 이해하라. 이해하기 위하여 믿어라."[17]

아우구스티누스는 아프리카 출신의 친구인 폰티키아누스(Ponticianus)에게서 수도원 운동의 아버지인 안토니우스(Anthonius)의 회심 이야기를 듣고 큰 자극을 받았다. 아우구스티누스는 친구인 알리피우스(Alypius)에게 이렇게 외치면서 정원으로 뛰쳐나갔다. "당신은 무엇을 듣는가? 무학자가 일어나 하늘을 침노하는데 우리

---

16 Augustine, *Confessions*, 7.21.27, LCC 7:155.

17 Augustine, *Sermons*, 43.9. "intellige ut credas, crede ut intelligas," OSA 7:641.

는 심장이 없는 박학으로 혈과 육 속에 뒹구는 것을 보는도다."[18] 아우구스티누스가 정신이 산란하여 정원을 배회하고 있을 때 이웃집에서 한 아동이 말하는 것을 들었다. "집어라. 읽어라. 집어라. 읽어라"(tolle, lege, tolle, lege). 그는 아동들의 놀이에서 이 말을 사용하는 경우를 알지 못했기 때문에 그는 이것을 하늘에서 내려온 표시로 이해하였다. 그는 성서를 집어서 펼쳐 보았다. 로마서 13장 13-14절의 말씀이 눈에 들어왔다. 아우구스티누스는 『고백록』에서 이렇게 말하였다. "'즉시, 진실로.' 이 문장의 끝에서 이미 내 마음속에 평화로운 빛이 흘러들어온 것처럼 의심의 모든 어두운 그림자가 사라졌습니다."[19]

아우구스티누스 연구가들은 아우구스티누스가 이 시기에 어떤 플라톤주의적 작품들을 읽었는지, 그 작품들이 아우구스티누스에게 어떤 영향을 주었는지, 그가 처음에 플라톤주의로 회심하였는지 정통 기독교로 회심하였는지 하는 문제를 두고 논쟁해 왔다. 드롭너는 최근의 연구 결과를 정리하면서 아우구스티누스는 플로티누스(Plotinus)의 작품의 영향을 받았으며, 타일러(Willy Theiler)의 주장과는 달리 포르피리(Porphyry)의 영향을 받지 않았다고 말하였다. 그러나 제임스 오도넬(James J. O'Donnell)은 포르피리를 읽을 것으로 본다. 그러나 아우구스티누스는 386년에는 포르피리가 반기독

18 Augustine, *Confessions*, 8.8.19, LCC 7:170.

19 Augustine, *Confessions*, 8.12.29, LCC 7:176.

교적인 자작을 쓴 것을 몰랐다가 399년경에 와서 포르피리의 반기독교 성향을 알고 『신국론』에서 플라톤주의를 비판한 것으로 본다.[20] 로버트 오코넬(Robert O'Connell, S. J.)은 아우구스티누스는 생애의 대부분을 숨은 플로티투스주의자(crypto-Plotinian)로 살았다고 말하였다. 그는 아우구스티누스가 신플라톤주의로부터 받은 영혼론을 가지고 있었다고 말하였다. 그래서 인간의 영혼들은 '타락'에 의해 비물질적 실존의 순수성으로부터 물질 속으로 들어왔으며, 그래서 인간의 삶은 영혼을 물질성으로부터 해방시키려고 하는 투쟁이라고 보았다고 말하였다.[21] 그러나 드롭너는 플라톤주의로 회심하였느냐 기독교로 회심하였느냐 하는 문제는 4세기의 교회적 상황과 신학적 상황을 잘 이해하지 못한 데서 나온 것이라고 본다. 4세기의 기독교는 플라톤주의의 영향을 크게 받았다. 아우구스티누스에게 있어서 지혜를 향한 추구는 항상 그리스도를 향한 추구를 포함하였다. 그리고 철학과 기독교는 양자택일의 문제가 아니라 통일되어 있었다. 그러나 아우구스티누스는 플라톤주의적 작품들에서 그리스도를 발견할 수 없었기 때문에 철학과 기독교를 동일시할 수 없었다. 그럼에도 불구하고 아우구스티누스와 당시의 교회에게는 플라톤주의가 신앙을 이해하고 설명하는 데 있어서 철학적

20 James J. O'Donnell, "Augustine: his time and lives," *The Cambridge Companion to Augustine*, ed. Eleonore Stump and Norman Kretzmann (Cambridge: Cambridge University Press, 2001), 22.

21 Cited by ibid., 22.

전제로 여겨졌다. 그러나 플라톤주의는 성서의 메시지에 의해 보완되고 수정되어야 한다고 생각하였다. 왜냐하면 플라톤주의에는 세계의 영원성, 영혼의 선재성, 영혼과 육체의 부자연스러운 강제적 결합, 순환적 세계관 등등 '큰 오류들'[22]이 들어 있었기 때문이다.

아우구스티누스에게 있어서 기독교로의 회심은 금욕적 삶을 받아들이는 것을 의미하였다. 이것은 바실리우스나 히에로니무스 등 당시의 많은 사람의 생각이기도 하였다. 그는 추수 휴가기(8월 23일~10월 15일)가 시작될 때 어머니, 아들, 몇몇 친척들, 친구들과 함께 카시키아쿰(Cassiciacum)에 있는 그의 친구 베레쿤두스(Verecundus)의 소유지로 갔다. 카시키아쿰은 오늘날의 카사고 디 브리안자(Cassago di Brianza)로 추정된다. 이곳은 밀라노에서 북쪽으로 19마일 떨어진 알프스산맥 기슭에 있다. 아우구스티누스는 회심하기 전에 이미 문화적 여가를 즐기는 조용한 삶을 계획하였다.[23] 그러나 이제 기독교로 회심한 그는 기도와 대화와 성서 읽기와 저작 활동을 하는 기독교적 여가의 삶[24]을 살게 되었다. 아우구스티누스는 이때 참석자들과 나눈 대화들을 플라톤적인 대화록과 같은 양식으로 출판하였다. 그것들은 회의주의에 대해 다룬 『아카데미아 학파 논박』, 하나님에 대한 지식에 근거한 행복한 삶을 다룬

22 Augustine, *Retractations*, 1.1.4, *the Fathers of the Church* (Washington D.C.: Catholic University of America Press, 1968), 60:10.

23 Augustine, *Confessions*, 6.14.24, LCC 7:131.

24 Augustine, *Retractations*, 1.1.1, *the Fathers of the Church*, 60:6

『행복한 삶』, 하나님의 섭리와 악의 문제를 다룬 『질서론』, 하나님을 향한 추구와 영혼의 불멸의 문제를 다룬 『독백록』 등이었다.

그는 추수 휴가기가 끝날 때 수사학자의 직임을 사임하였다. 그리고 387년 초에 아들 아데오다투스와 친구 알리피우스(Alypius)와 함께 밀라노로 돌아왔다. 이는 387년 부활절에 세례를 받기 위해 지망자로 등록하기 위한 것이었다. 그는 387년 4월 24일 부활절 전야에 어머니가 참석한 가운데 아들과 친구와 함께 밀라노의 대교회당에서 세례를 받았다. 포시디우스는 그의 세례에 대해 이렇게 말하였다. "이제 그의 감독의 마음을 감동시키시는 구원자 하나님의 자비를 통해 그 오류[마니교]와 관계있는 율법의 문제들이 해결되었으며, 그래서 아우구스티누스는 점차 교훈을 받아들였으며, 그래서 하나님의 자비를 통해 이단이 그의 영혼에서 물러가게 되었다. 일단 그가 가톨릭 신앙을 가지자 종교를 잘 알려는 열망이 그 안에 소용돌이쳐서 그다음 부활절에 구원의 물을 받아들였다. 그래서 아우구스티누스는 특별한 하나님의 도움으로 가톨릭교회의 구원의 교리와 신적 성례들을 위대하고 총명한 감독인 암브로시우스의 사역을 통해 받아들였다."[25]

아우구스티누스는 세례를 받은 후 얼마 지나지 않아 아프리카로 돌아가기 위해 어머니와 함께 오스티아(Ostia) 항구에 내려가서 준비하였다. 그는 타가스테에 있는 부모의 소유지에서 기독교적

---

25 Possidius, *The Life of St. Augustine*, "chapter 1," 3.

안식(*otium*)을 누리는 수도원적 공동체를 세우려고 하였다. 그러나 모니카는 오스티아에서 병이 나서 387년 11월 13일 전에 세상을 떠났다. 모니카는 생애의 마지막 며칠 동안 아들과 영적인 대화를 나누었으며 환상을 보았다. 그들은 정원이 내려다보이는 창에 기대어 앉아서 천국에 대해 얘기하고 있었다. 특히 그들은 "의인들이 살게 될 영원한 삶은 어떤 것일까?" 하는 문제에 대해서 얘기하고 있었다. 아우구스티누스는 『고백록』에서 그때 그들이 육체적인 모든 것을 초월하여 점점 더 하늘로 올라가는 체험을 하였다고 기록하고 있다. 그리고 더 나아가 두 사람은 신성 그 자체를 느끼게 되었고, 결국 순수한 무아지경을 체험하였다. 이후에 그는 "이때 느낀 영원한 삶에 대한 기쁨은 사람들이 육체로 경험할 수 있는 기쁨들과는 도저히 비교할 수 없는 것이었다"고 회상하였다. 그들이 신성을 체험한 것은 '순간적인' 일이었지만, 그들은 이 기쁨과 행복으로 압도당하고 말았다. 곧 그들은 조용해졌고 "큰 숨을 내쉬었다."[26] 아우구스티누스는 이 경험을 통해서 자신의 영혼이 순결해진 것을 깨달았다. 정원에서의 체험 이후에 모니카는 아우구스티누스에게 이렇게 말하였다. "내 아들아, 나는 이제 이 세상에서는 어떤 즐거움도 찾을 수가 없구나. 이 세상에서 내가 더 이상 해야 할 일이 무엇이며, 내가 왜 아직도 여기에 있어야 하는지 그 이유를 모르겠다."[27] 모니카는 자신의 아들과 사랑을 나누는 것도 하나님을

26 Augustine, *Confessions*, 9.10.24, LCC 7:193.

체험하는 기쁨에 비하면 아무것도 아니라고 생각하였다. 그녀는 사랑하는 사람과 함께 사는 것도 원했지만, 하나님과 함께 하는 기쁨을 더 갈망했던 것이다. 모니카는 이제 더 이상 죽음을 두려워하지 않았다. 이 신비로운 체험을 통해서 모니카는 세상에 대한 집착을 벗어버렸을 뿐만 아니라 그의 영혼을 싸고 있던 육체마저 약해졌다. 그리고 모니카는 2주일도 지나지 않아 숨을 거두었다.

그런데 겨울철이 접어들었을 뿐만 아니라 찬탈자 마그누스 막시무스(Magnus Maximus)가 이탈리아를 침략하였기 때문에 아프리카로의 여행이 지연되었다. 아우구스티누스는 로마에서 겨울을 보내면서 마니교도들을 반박하는 저작들을 썼다. 그는 마침내 388년 여름 또는 가을에 아프리카에 도착하였으며, 타가스테에 있는 부모의 소유지에 수도원적 공동체를 세웠다. 그는 여기서 3년 동안 동료들과 함께 기독교적 안식(*otium christianum*)을 누리면서 영적인 면에 있어서나 저술면에 있어서 큰 결실을 거두었다. 388~390년 아데오다투스(Adeodatus)와 네브리디우스(Nebridius)가 죽었다. 지금까지는 아우구스티누스가 13년간 동거해 온 여인을 보낸 냉정한 사람으로 여겨져 왔다. 그러나 개리 윌스(Garry Wills)는 아데오다투스가 죽을 때 그 자리에 어머니가 함께 있었을 것으로 추정한다. "갓센드(Godsend, 즉 Adeodatus)가 죽었다. 그가 죽었을 때 그의 어머니가 임석했는가? 압도적으로 그러했을 것이다. 그녀

---

27 Augustine, *Confessions*, 9.10.26, LCC 7:194.

는 아프리카로 돌아가서 서원한 크리스천 독신자로 살았다. 그녀는 틀림없이 자기가 떠나온 집으로 돌아갔을 것이며, 그 집은 아마 타가스테에 있었을 것이다."[28]

4. 성직자와 감독으로서의 삶

그는 391년경 타가스테에서 150마일 정도 떨어진 해안 도시인 히포(Hippo)를 방문했는데, 거기서 그는 그 지방 민중들의 강요에 의해 헬라어를 사용하는 연로한 감독인 발레리우스(Valerius)를 도와주는 사제로 안수를 받았다. 포시디우스는 "발레리우스는 그리스인으로 태어나서 라틴말과 문장에 능통하지 못했기 때문에 그 점에서 그의 한계를 알고 있었다"[29]고 하였다. 발레리우스는 아우구스티누스에게 교회에서 자기가 있는 자리에서 복음을 설교할 권한과 공중 토론을 할 권한을 주었다. 이것은 아프리카 교회의 관례가 아니었다. 그래서 몇몇 감독들은 이를 비판하였다. 그러나 "존엄하고 지혜로운 발레리우스는 그런 것이 동방 교회의 관례인 것을 잘 알고 있었으며 또한 교회의 유익을 고려한 것이었으므로 비판자들의 말에 개의치 않았다."[30] 이 소식은 급속하게 퍼졌으며

---

28 Garry Wills, *Saint Augustine* (New York: Viking Penguin, 1999), 65.

29 Possidius, *The Life of St. Augustine*, "chapter 5," 7.

아우구스티누스의 훌륭한 사례 때문에 다른 사제들도 감독의 허락 하에 감독들이 있는 자리에서 사람들에게 설교하기 시작하였다.[31] 아우구스티누스의 첫째 요청은 교인들을 섬기기 위해 성서에 대한 지식을 얻기 위해 연구할 시간을 달라는 것이었다. 그는 다시 수도원적 공동체를 조직했으며, 후에 감독으로서 감독 관저에 있는 성직자들을 위한 또 다른 수도원적 공동체를 조직하여 그가 죽을 때까지 그들과 함께 공동체적 삶을 살았다. 포시디우스는 이렇게 말하였다. "사제로 안수를 받은 직후 아우구스티누스는 교회 안에 한 수도원을 설립했으며, 거기서 거룩한 사도들이 세운 규칙과 관습에 따라 하나님의 종들 가운데 살기 시작하였다."[32] 포시디우스에 의하면 "그 공동체의 중요한 규칙은 아무도 아무것도 소유하지 않으며, 모든 것을 공유하며, 개인적 필요에 따라 분배한다고 규정하였다."[33] 아우구스티누스가 사제가 되었을 때 히포에서 마니교 교리가 많은 지방민과 외래인들 사이에 퍼졌다.[34] 그 지도자는 포르투나투스(Fortunatus)라고 하는 마니교의 사제였다. 히포에 사는 그리스도인들과 심지어 도나투스주의자들까지 아우구스티누스에게 와서 포르투나투스를 만나 달라고 부탁하였다. 아우구스

---

30 Possidius, *The Life of St. Augustine*, "chapter 5," 7-8.
31 Possidius, *The Life of St. Augustine*, "chapter 5," 8.
32 Possidius, *The Life of St. Augustine*, "chapter 5," 7.
33 Possidius, *The Life of St. Augustine*, "chapter 5," 7.
34 Possidius, *The Life of St. Augustine*, "chapter 6," 8.

티누스는 이 부탁을 거절하지 않았다. 392년 8월 28~29일 히포에서 포르투나투스와 논쟁하였다. 이 논쟁에 관해 포시디우스는 이렇게 말하였다. "기록된 것처럼 이 논쟁에서 그 마니교 선생은 가톨릭 주장을 논박하지 못하였다. 또한 그는 마니교 분파가 진리에 근거해 있음을 입증하지 못하였다. 포르투나투스는 마지막 답변을 할 수 없을 때 자기가 논박하지 못한 모든 쟁점을 상급자들에게 문의하겠다고 말하였다⋯. 곧바로 이전에 그를 위대하고 학식 있는 사람으로 생각했던 모든 사람은 그가 자기 자신의 분파를 변호하는 데 아무것도 하지 못하였다고 결론을 내렸다. 혼란은 극복되었으며 그는 곧 히포시를 떠났으며 다시 돌아오지 않았다. 그래서 아우구스티누스는 그 모든 사실을 안 모든 사람의 마음에서 그 이단을 제거시켰다. 그래서 또한 가톨릭 신앙이 참된 종교임이 설명되고 변호되었다."[35] 아우구스티누스는 393년 10월 히포 회의에서 연설하였다. 이 히포 회의에서는 신구약 성경을 확정하였다.

발레리우스 감독은 아우구스티누스를 동사 감독으로 결정하였다. 포시디우스는 그 배경을 이렇게 설명하였다. 발레리우스는 "감독이 없는 어떤 다른 교회가 아우구스티누스를 감독으로 물색하여 데리고 가지 않을까 두려워하기 시작하였다⋯. 그는 아우구스티누스를 찾는 사람들이 그를 찾아내지 못하도록 그를 알려지지 않은 곳에 보내서 숨어 지내게 하였다. 그럼에도 불구하고 그

---

35 Possidius, *The Life of St. Augustine*, "chapter 6," 9-10.

노 감독은 자기의 나이와 극도의 쇠약함을 느끼고 계속 두려워하였다. 그래서 그는 고위 성직자인 카르타고의 감독에게 비밀 편지를 보내서 자기 신체의 허약함과 자기 나이의 짐을 강조하면서 아우구스티누스를 히포 교회의 감독으로 임명해 줄 것을 청원하였다. 그래서 아우구스티누스가 그의 후계자가 아니라 동역자로 그와 동역하기를 원하였다. 발레리우스의 바람과 청원은 만족할 만한 답장으로 이루어졌다."[36] 채드윅(Henry Chadwick)은 아우구스티누스가 동사 감독이 된 때를 395년 5월 4일에서 397년 9월 28일 사이로 잡는다. 채드윅은 이렇게 말하였다. "아우구스티누스는 395년 5월 4일에서 397년 9월 28일 사이 어떤 시기에, 아마 396년에(정확한 날짜에 대한 증거는 없다) 당시 연로한 발레리우스와 나란히 히포의 동사 감독으로 성별되었다."[37] 아우구스티누스는 발레리우스가 죽고 발레리우스를 계승하여 감독이 되었다(395/396년). 그는 바울을 다시 연구하였다. 397년 6월과 8월에 카르타고 회의들에 참석하였다. 특히 397년 8월 28일에 개최된 카르타고 회의에서는 393년 히포 회의에서 확정한 신구약 성경을 다시 확정하였다.

아우구스티누스는 사제일 때(391~395년) 이미 도나투스파의 기원과 오류를 이해시키기 위해 대중적인 시를 써서 읊게 하였다.

---

36 Possidius, *The Life of St. Augustine*, "chapter 8," 11.

37 Henry Chadwick, *Augustine of Hippo: A Life* (Oxford: Oxford University Press, 2009), 62.

395년 감독이 되면서 본격적인 싸움을 시작하였고, 398년 『파르메니아누스 서신 반박』(*Contra Epistulam Parmeniani*) 이라는 3권의 저작을 썼다. 400년경에 7권으로 된 『도나투스파를 반박하는 세례론』(*De Baptismo Contra Donatistas*)을 썼는데, 이것은 도나투스파 논쟁에 있어서 아우구스티누스의 가장 중요한 저작이다. 그 후에 3권으로 된 『페틸리아누스 서신 반박』(*Contra Litteras Petiliani*)을 썼다. 405년경 『크레스코니우스 반박』(*Contra Cresconium*)이라는 저작을 써는데, 이것은 페틸리아누스를 옹호하고 나선 도나투스파 평신도인 크레스코니우스를 반박한 것이다. 417년에는 아프리카의 호민관인 보니피티우스에 보낸 『도나투스파의 교도에 대하여』(*De Correctione Donatistarum*)를 썼으며, 420년에는 『가우덴티우스 반박』(*Contra Gaudentium*)을 썼다.

아우구스티누스는 서기 397~400년경 13권으로 된 『고백록』을 집필하였다. 그리고 399년경에 『삼위일체론』을 집필하기 시작하여 12권까지 집필하고 집필을 중단하였다. 그 후 누군가 이 완성되지 않은 책을 출판함으로써 아우구스티누스를 당황하게 하였다. 그는 자기가 생각하는 삼위일체론이 오해되지 않도록 나머지 부분을 추가하여 15권으로 된 『삼위일체론』을 최종적으로 417년경에 출판하였다.

410년 8월 24일 로마시가 비시고트족의 알라릭에 의해 함락되었다. 이교도들은 로마시의 함락은 로마의 전통적인 신들을 믿지 않고 기독교를 받아들였기 때문이라고 기독교를 비난하였다. 이 비난에 답하기 위해 아우구스티누스는 412년 『신국론』 집필을 시작하여 426년에 출판하였다.

410년 로마가 함락되므로 펠라기우스는 아프리카로 왔다. 412년 카르타고 회의에서는 펠라기우스를 정죄하였다. 아우구스티누스는 이후 펠라기우스주의를 비판하는 저작들을 썼다. 418년 카르타고 회의에서 펠라기우스주의가 결정적으로 정죄를 받았다.

아우구스티누스는 426년 겨울 건강을 위해서 히포를 떠났다. 그는 426년 『교정록』을 집필하기 시작하였다. 아우구스티누스는 430년 그가 죽을 때까지 감독직에 머물러 있었다. 그는 430년 8월 28일 반달족 침략자들이 히포를 포위한 상태에서 죽었다. 그는 참회 시편을 읽으면서 세상을 떠났다.

2장
인식론

1. 서언

아우구스티누스의 인식론은 후대에 큰 영향을 미쳤다. 데카르트에 대한 아우구스티누스의 영향은 지대하였다고 할 수 있다. 아우구스티누스는 아카데미아 학자들의 회의주의에 대해 이렇게 비판하였다.

> 아카데미아 학자들은 당신이 속임을 받는다면 어떻게 되는가 하고 말하지만, 나는 그들의 논증을 전혀 두려워하지 않는다. 만약 내가 속임을 받는다면 나는 존재하기 때문이다. 존재하지 않는 자는 속임을 받을 수 없으며, 만약 내가 속임을 받는다면 바로 그 때문에 내가 존재하기 때문이다.[1]

데카르트의 유명한 명제인 "나는 생각한다. 그러므로 나는 존재한다"(*cogito, ergo sum*)는 아우구스티누스의 명제 "내가 속임을 받는다면 나는 존재한다"(*si fallor, sum*)의 영향을 받았음이 분명하다.

아우구스티누스는 지식과 지혜를 이렇게 구별하였다. "영원한 것들에 대한 예지적 인식은 지혜에 속하나 일시적인 것들에 대한 이성적 인식은 지식에 속한다."[2] 라틴어로 말하면 *sapientia*와 *scientia*가 대조되며, *aeternus*한 것과 *temporalis*한 것이 대조되며, *intellectualis*한 인식과 *rationalis*한 인식이 대조된다. 인식에 있어서 감각, 이해, 예지와 같은 삼분법은 후의 학자들에게서도 나타난다. 예컨대 스피노자는 견해(opinion), 이성(reason), 직관(intuition)으로 삼분했으며,[3] 칸트는 감성, 오성, 이성으로 삼분하였다.[4] 우리는 감각에 의해 많은 것을 인식한다. 그러나 감각적 지식만으로는 불충분하다. 우리가 태양을 시각으로 보면 지구에서 약 5km 정도 떨어진 곳에 있는 축구공만 한 구체로 보일지 모른다. 그러나 우리의 오성은 감각적 인식을 그대로 받아들이지 않는다. 5km

---

1 *The City of God*, 11.26, NPNF 1, 2:220.

2 *On the Trinity*, 12.15,25, NPNF 1, 3:165. "... ut ad sapientiam pertineat aeternarum rerum cognitio intellectualis: ad scientiam vero, temporalium rerum cognitio rationalis: ... ."

3 Baruch Spinoza, *Ethics*, Part II, Proposition 40, Scholium 2, *Spinoza: Complete Works*, trans. Samuel Shirley (Indianapolis: Hackett Publishing Company, Inc., 2002), 267.

4 *Immanuel Kant's Critique of Pure Reason*, trans. Norman Kemp Smith (London: MacMillan & Co Ltd, 1929).

정도 떨어진 곳에 있는 축구공만 한 구체가 지구를 밝히고 지구를 따뜻하게 한다고 생각할 수 없기 때문이다. 또한 우리 시각으로 보면 물이 담긴 그릇 속에 꽂혀 있는 젓가락이 구부러진 것처럼 보인다. 그러나 우리의 오성은 그 젓가락이 구부러진 것이 아니라고 판단한다. 이렇게 감각적 인식이 있고 정신적 인식이 있다. 그런가 하면, 또한 이것들을 넘어서는 인식이 있다. 아우구스티누스는 이것들을 감각적 인식, 이성적 인식, 예지적 인식으로 이해하였다.[5] 이처럼 아우구스티누스는 인식론의 역사에 있어서도 큰 영향을 끼쳤다.

2. 신적 조명

아우구스티누스는 인식론에 있어서 조명론이라는 독특한 생각을 피력하였다. 그런데 그의 조명론에 대한 해석은 실로 다양하다.

---

5 Sofia Vanni Rovighi, 『인식론의 역사』, 이재룡 역 (서울: 가톨릭대학교출판부, 2004), 66 참조. "… 신에 의해 조명되어 영원한 진리를 직관하는 기관인 '지성'(intellectus)과 가지적인 것들을 감각적인 것들에 적용하며 논변하는 기관인 이성(ratio) 사이에 종적 차이를 설정하는 것인지를 이해할 수 있다." 질송은 이것을 하나의 이성의 두 가지 직무라고 말했으며, 그 직무들을 상급 이성과 하급 이성이라고 불렀다. Etienne Gilson, *The Christian Philosophy of Saint Augustine*, trans. L. E. M. Lynch (London: Victor Gollancz LTD, 1961), 117. "Let us call them *superior reason* and *inferior reason*, but we are not to forget the all-important fact that they are one, that they are merely two *offices* discharged by the single reason."

포르탈리에(Eugène Portalié, S. J.)는 아우구스티누스의 조명론에 대한 세 가지 해석, 즉 범신론적 해석(pantheist interpretation), 존재론적 해석(ontologist interpretation), 스콜라주의적 해석(Scholastic interpretation)을 소개하고 난 후 그것들을 비판하면서 자기 나름의 해석을 제시하였다.[6] 부박스(Bruce Bubacz)도 아우구스티누스의 조명론을 해석한 학자들을 세 부류, 즉 존재론자들(the ontologists), 조화론자들(the concordantists), 형상론자들(the formalists)로 나누고 자기 나름의 해석을 제시하였다.[7] 그리고 내쉬(Ronald H. Nash)도 역시 세 가지 해석, 즉 토마스 아퀴나스(Thomas Aquinas)와 보이어(Charles Boyer)의 해석, 보나벤투라(Bonaventure)와 포르탈리에의 해석, 코플스튼(Frederick Copleston)과 질송(Etienne Gilson)의 해석을 소개하고 난 후 자기 나름의 해석을 제시하였다.[8] 우리는 지금까지 나타난 해석을 다음과 같이 여섯 부류로 나눌 수 있을 것이다.

첫째로 아우구스티누스의 조명론에 관해 '범신론적 해석'이 있을 수 있다. 포르탈리에는 이 해석을 이렇게 비판하였다.

---

6 Eugène Portalié, S. J., *A Guide to the Thought of Saint Augustine*, with an introduction by Vernon J. Bourke and trans. Ralph J. Bastian, S. J. (Westport, CT: Greenwood Press, Publishers, 1975), 110ff.

7 Bruce Bubacz, *St. Augustine's Theory of Knowledge: A Contemporary Analysis* (Lewiston, New York: The Edwin Mellen Press, 1981), 136ff.

8 Ronald H. Nash, "Illumination, Divine," *Augustine through the Ages: An Encyclopedia* (Grand Rapids, Michigan: William B. Eerdmans Publishing Company, 1999), 438-440.

하나님은 보편적 이성과 유일한 지성으로서 우리 안에서 진리를 보고 우리는 하나님 안에서 그리고 하나님을 통해서 진리를 본다. 많은 사람이 하는 이 해석은 아우구스티누스를 아베로이스주의자(Averroist)로 만드는 것이다. 그러나 이것은 거의 가능성이 없는 것이다. 그는 자기의 가르침에서 모든 범신론을 배제하려고 했기 때문이다.[9]

둘째로 '존재론적 해석'이 있다. 포르탈리에는 이 해석을 이렇게 설명한다.

우리의 영혼은 신적 존재 자체를 관조하며 그 안에서 신적 관념들, 영원하고 불변적인 진리들을 본다. 아마 이것은 몇몇 초기 스콜라학자들의 이해이며 확실히 말브랑쉬(Malebranche)의 이해이다.[10]

포르탈리에는 이 해석에 대해 이렇게 비판하였다.

이 해석에 대한 비판은 정반대를 가르치는 아우구스티누스의 명확한 설명에 나타난다. 첫째로 모든 종류의 하나님에 대한 비전은 가장 결정적인 방식으로 아우구스티누스에 의해 배격된다. … 아우구스티누스는 영혼의 태양인 하나님은 우리가 보는 대상으로 절대로 나타나지

9 Portalié, *A Guide to the Thought of Saint Augustine*, 110.
10 Ibid.

않으며, 우리의 영혼 안에서 우리를 알 수 있게 하는 것을 산출하는 대리자로서 나타난다고 주장하였다.[11]

셋째로 토마스 아퀴나스의 해석으로 조명을 인간의 인식 능력으로 보는 것이다. 아퀴나스는 이렇게 말하였다.

아우구스티누스의 이 말은 진리가 감각으로부터만 유래하지 않음을 의미한다. 왜냐하면 능동 지성의 빛이 필요하기 때문이다. 그것을 통해 우리는 가변적인 것들의 진리를 불가변적으로 인식하며, 사물들 자체를 그것들과 유사한 것들로부터 구분한다.[12]

넷째로 포르탈리에의 해석 같은 해석이 있다. 포르탈리에는 자기의 해석을 이렇게 설명하였다.

우리의 견해로는, 아우구스티누스의 교리는 우리 이해에 대한 신적 조명의 이론(the theory of the divine illumination of our understanding)이다. … 우리 영혼은 하나님의 신비로운 영향 없이 지성적 진리에 도달할 수 없다. 그것은 우리에 대한 하나님의 객관적인 현현

11 Ibid., 110-111.

12 Thomas Aquinas, *Summa Theologica*, 1.1.84, a.6, *Basic Writings of Saint Thomas Aquinas*, edited and annotated, with an introduction by Anton C. Pegis (New York: Random House, 1945), 807.

이 아니라 우리의 인식을 결정하는 진리들의 이미지를 우리 영혼 안에 결과적으로 산출하는 것이다.[13]

다섯째로 코플스톤의 해석과 같은 해석이 있다. 코플스톤도 포르탈리에처럼 존재론적 해석을 거부한다. 코플스톤은 이렇게 말하였다.

나는 존재론적 해석을 어느 형태이든 배격한다.[14]

성 아우구스티누스에 의하면 정신에 관한 신적 조명의 활동은 보는 것에 관한 태양 빛의 기능과 유사하다.[15]

만약 조명이 관념 산출적 기능(ideogenetic function)을 가지고 있다면, 이 기능은—마치 그 내용을 주입하듯이— 개념의 내용에 관계되는 것이 아니라 개념에 관한 우리의 판단의 질에 관계되는 것, 혹은 대상 안에 있는 특성에 대한 우리의 분별에 관계되는 것, 어떤 것의 단순한 개념 안에 내포되지 않은 규범이나 기준에 관계되는 것이다.[16]

---

13 Portalié, *A Guide to the Thought of Saint Augustine*,1 12-13.

14 Frederick Copleston, S. J., *A History of Philosophy*, 9 vols. (London: Search Press, 1976), 2:64.

15 Ibid.

16 Ibid., 65.

정신은 영원한 관념의 규정적 행위의 빛에서 판단한다. 미 자체가 정신의 활동을 조명하여 대상이 기준에 어느 정도 근접한지를 분별하는 것이다. 하지만 정신은 미 자체를 직접 보지는 못한다. 이런 의미에서 아우구스티누스의 조명은 플라톤의 회상의 기능을 제공한다.[17]

내쉬는 코플스톤의 해석을 "형상적 이론"(Formal Theory)이라고 명명한다.

여섯째로 내쉬의 해석이 있다. 내쉬는 아우구스티누스의 조명론의 내용을 다음과 같이 세 가지로 요약한다. 즉, 첫째로 하나님은 빛이며, 모든 인간을 서로 다른 정도로 조명한다. 둘째로 하나님이 조명하는 예지적 진리들, 즉 영원한 이성들(*rationes aeternae*)이 있다. 셋째로 인간 정신들은 하나님이 조명할 때에만 신적 진리들을 알 수 있다. 그리고 내쉬는 아우구스티누스의 조명론의 특징을 다음과 같이 역설적인 표현을 써서 세 가지로 요약한다. 즉, 첫째로 예지는 능동적인 동시에 수동적이다. 둘째로 형상들은 인간 정신으로부터 구별되면서도 구별되지 않는다. 셋째로 인간 정신은 인식을 가능하게 하는 빛이면서도 빛이 아니다. 예컨대 내쉬는 예지가 능동적인 동시에 수동적임을 다음과 같이 설명한다.

예지의 능동적인 역할과 수동적인 역할 사이의 외견상 갈등은 일단

17 Ibid.

> 우리가 정신이 형상들(지혜, 즉 *sapientia*)의 지식은 수동적으로 받아들이지만, 감각들을 통하여 알려지는 물질적인 것들의 지식(*scientia*)에 관해서는 능동적이라는 사실을 깨달으면 해결된다.[18]

헤센은 인식론을 합리주의와 경험주의로 대별하고, 다시 합리주의를 초월적 합리주의, 신학적 합리주의, 내재적 합리주의로 나누었다. 그는 플라톤을 초월적 합리주의자로, 아우구스티누스를 신학적 합리주의자로 그리고 데카르트와 라이프니츠를 내재적 합리주의자로 구별하였다.[19] 헤센의 구별처럼 아우구스티누스는 플라톤주의의 계열에 있지만 자신의 입장을 플라톤의 입장과 구별하였다. 성숙한 아우구스티누스는 무로부터의 창조를 주장하고 영혼선재설이나 영혼윤회설을 받아들일 수 없었기 때문에 플라톤의 상기설을 받아들일 수 없었다. 아우구스티누스는 그의 『삼위일체론』에서 플라톤의 상기설에 대해 이렇게 말하였다.

> 숭고한 철학자 플라톤은 인간들의 영혼들은 이 육체들을 입기 전에도 살았으며, 그래서 배운 것들은 새것들이 인식 속으로 들어온 것이 아니라 이미 알려진 것이 회상되는 것이라고 우리를 설득하려고 노력하였다.[20]

---

18 Nash, "Illumination, Divine," 439.

19 Johannes Hessen, 『인식론』, 이강조 역 (서울: 서광사, 1989), 91ff.

20 *On the Trinity*, 12.15,24, NPNF 1, 3:164.

이어서 아우구스티누스는 플라톤의 대화편 『메노』에 나오는 이야기를 소개한다.

> 플라톤은 우리에게 말하기를 한 소년이 있었는데 그 소년이 기하학에 관해 내가 알지 못하는 것을 질문받았을 때, 마치 그가 학문의 그 분야에 있어서 완전하게 훈련을 받은 양 대답하였다고 하였다. 소년은 한 단계 한 단계 깊이 있게 질문을 받았을 때 그가 보여지는 것을 보고 그리고 그가 본 것을 말하였다.[21]

그러나 아우구스티누스는 이 이야기가 상기설을 뒷받침해 준다고 볼 수 없었다. 아우구스티누스는 이렇게 말한다.

> 그러나 만일 이것이 이전에 알려진 것들을 회상하는 것이라고 한다면, 확실히 모든 사람 혹은 거의 모든 사람이 질문을 받을 때 그렇게 대답할 수 없었을 것이다. 왜냐하면 모든 사람이 전생에서 기하학자가 아니었을 것이기 때문이다. 기하학자는 사람 중에서 소수에 불과하며 어느 곳에서나 발견할 수 있는 것이 아니기 때문이다.[22]

아우구스티누스는 플라톤의 이 이야기에서는 영혼선재설과

---

21 *On the Trinity*, 12.15,24, NPNF 1, 3:164.
22 *On the Trinity*, 12.15,24, NPNF 1, 3:164.

영혼윤회설이 혼합되어 있음을 느낀 것 같다. 영혼선재설과 관련하여 상기설을 주장한다면 모든 사람이 똑같이 이데아계에서 본 것을 회상할 수 있을 것이지만, 영혼윤회설과 관련하여 상기설을 주장한다면 자기가 전생에서 본 것만 회상할 수 있을 것이다. 아우구스티누스는 이렇게 플라톤을 비판하고 나서 플라톤의 상기설과는 다른 자기 나름의 주장, 즉 조명설을 언급한다.

> 그러나 우리는 오히려 지성적 정신은 창조자의 뜻에 의해 특유한 종류의 비신체적 빛의 종류에 의해 자연적 질서 안에 있는 지성적인 것들에 추가된 것들을 볼 수 있게 그 본성상 형성되어 있다고 믿어야 한다. 이는 육체의 눈이 그 자체에 인접한 것들을 이 신체적 빛 안에서 보는 것과 같다. 그 빛은 그것에 수용적이고 적응적으로 만들어져 있다. 이 육체의 눈도 스승이 없이 검은 것들과 흰 것들을 구별한다. 왜냐하면 이 육체의 눈이 이 육체 안에 창조되기 전에 이미 그것들을 알았기 때문이다.[23]

23 *On the Trinity*, 12.15,24, NPNF 1, 3:164. "sed potius credendum est mentis intellectualis ita conditam esse naturam, ut rebus intelligilibus naturali ordine, disponente Conditore, subiuncta sic ista videat in quadam luce sui generis incorporea, quemadmodum oculus carnis videt quae in hac corporea luce circumadiacent, cuius lucis capax eique congruens est creatus. Non enim et ipse ideo sine magistro alba et nigra discernit, quia ista iam noverat antequam in hac carne crearetur."

라틴어로 말하면 *oculus carnis*(육체의 눈)가 *corporea lux*(신체적 빛)에 의해 보듯이 *mens intellectualis*(예지적 정신)가 *lux incorporea*(비신체적 빛)에 의해 *res intelligilis*(예지적 대상)를 본다. 신체의 빛이 선천적이듯이 비신체적 빛도 선천적이라고 할 수 있다.

그런데 아우구스티누스는 『자연과 은총』에서 인간의 타락으로 인해 조명을 필요로 하는 것으로 설명하였다.

> 인간의 본성은 참으로 처음에는 오류 없이 그리고 죄 없이 창조되었다. 그러나 아담으로부터 태어난 모든 사람의 본성은 이제 의사(the physician)를 필요로 한다. 왜냐하면 그것이 건강하지 않기 때문이다. 틀림없이 그것의 구조, 삶, 감각, 지성에 있어서 그것이 여전히 소유하고 있는 모든 좋은 성질들은 그것의 창조자와 제작자인 지고의 하나님에게 속한다. 그러나 그 본성적인 모든 좋은 것들을 어둡게 하고 약화시키는 흠은 조명과 치료를 필요로 하는데, 그 흠은 무흠한 창조자에게서 기인하는 것이 아니라 본성이 자유의지에 의해 지은 원죄에게서 기인한다.[24]

아우구스티누스는 빛이 심정을 깨끗하게 한다고 말하였다.

> 하나님은 물체적 눈에 대한 물체적 빛의 경우에 이것을 보일 수 있듯

24 *On Nature and Grace*, 3.3, NPNF 1, 5:122.

이, 심정이 지치지 않고 계속 온전하고 어느 면에서나 실패하지 않도록 깨끗하게 하도록 그 다른 빛을 보이지 않는가? … "당신과 함께 빛의 샘이 있으며, 당신의 빛 안에서 우리는 빛을 보나이다."[25]

아우구스티누스는 동물은 이성적 정신이 없기 때문에 지혜를 볼 수 없으나 인간은 이성적 정신이 있기 때문에 지혜를 볼 수 있다고 하였다.

가축은 조명되지 않는다. 왜냐하면 가축은 지혜를 볼 수 있는 이성적 정신을 가지고 있지 않기 때문이다. 그러나 인간은 하나님의 형상에 따라 만들어졌으며 이성적 정신을 가지고 있어서, 그것에 의해 인간은 지혜를 지각할 수 있다. 그래서 만물을 만든 그 생명은 그 자체가 빛이다. 하지만 모든 동물의 빛이 아니라 인간들의 빛이다. … 그 빛에 의해 세례 요한은 조명되었다. 그 동일한 빛에 의해서 복음서 기자 요한 자신도 조명되었다.[26]

태양이 떠 있을 때, 맹인의 경우에 태양은 그에게 존재하지만 그는 태양으로부터 부재한다. 그러하듯이 모든 어리석은 사람, 모든 불의한 사람, 모든 비종교적인 사람은 심정에 있어서 맹인이다. 지혜가 존재

25 *Lectures on the Gospel according to St. John*, 13.5, NPNF 1, 7:88.

26 *Lectures on the Gospel according to St. John*, 1.18, NPNF 1, 7:13.

한다. 그러나 지혜가 맹인에게 존재하나 지혜가 그의 눈에서는 부재한다. 지혜가 그에게서 부재하기 때문이 아니라 그가 지혜로부터 부재하기 때문이다. … 한 인간이 그의 눈들이 먼지나 점막 분비물이나 연기로 더럽고 아프기 때문에 볼 수 없다면 의사가 그에게 "당신이 당신의 눈들의 빛을 볼 수 있도록 하기 위하여 당신 눈에서 나쁜 것을 정결케 하시오" 하고 말할 것이다. 이처럼 먼지와 점막 분비물과 연기는 죄와 불법들이다. 이 모든 것을 제거하라. 그러면 당신은 존재하는 지혜를 볼 것이다. 왜냐하면 하나님이 그 지혜이며, "심정이 청결한 자는 복이 있나니 그들이 하나님을 볼 것임이요" 하고 말씀했기 때문이다.[27]

아우구스티누스는 시편 119편 105절 "주의 말씀은 내 발의 등이요 내 길의 빛이니이다"라는 말씀을 강해하면서 "그 말씀은 빛이지 등이 아니다. 왜냐하면 등은 창조물이지 창조자가 아니기 때문이다. 등은 불변하는 빛에 참여함으로써 빛을 발한다. … 어떤 창조물도, 아무리 이성적이고 예지적이라도 하더라도, 그 자체에 의해 빛을 발하지 못하고, 영원한 진리에 참여함으로써 빛을 발한다"고 말하였다.[28]

이상의 아우구스티누스의 말들을 종합해 볼 때, 아우구스티누

---

27 *Lectures on the Gospel according to St. John*, 1.19, NPNF 1, 7:13.

28 *Expositions on the Book of Psalms*, 119;105, NPNF 1, 8:577.

스에게 있어서 조명은 자연적이면서 초자연적이라고 말할 수 있을 것이다. 즉, 조명은 모든 사람에게 선천적으로 주어져 있어서 인식을 가능케 하는 것이지만, 동시에 인간이 타락했기 때문에 구원의 지식을 가지기 위해서는 초자연적 조명이 필요하다고 하는 것이다.

3. 사물에 대한 인식

아우구스티누스 당시에 아카데미아 학자들은 인간의 인식 가능성을 부정하였다. "아카데미아 학자들, 그들은 인간이 아무것도 인식할 수 없다고 주장한다"[29]고 아우구스티누스는 말하였다. 아우구스티누스에 의하면 인간은 감각을 통해 인식하는 것들이 있는가 하면 자신에 대한 인식처럼 감각을 통하지 않고 인식하는 것도 있다. "인식할 것들은 두 종류가 있다. 하나는 정신이 신체적 감각들에 의해 지각하는 것들이고, 다른 하나는 정신이 그 자체로 지각하는 것들이다."[30] 아카데미아 철학자들은 "신체적 감각들에 반해 많은 말들을 해 왔으나, 정신이 스스로 인식하는 가장 확실한 지각들, 즉 내가 언급한 내가 살아 있음을 내가 인식하는 것 등에 대해서는 결코 의심할 수 없었다"[31]고 아우구스티누스는 말하였다. 아우구스

29 *On the Trinity*, 15.12.21, NPNF 1, 3:211.

30 *On the Trinity*, 15.12.21, NPNF 1, 3:211.

티누스는 감각들에 의한 지식도 의심할 수 없다고 말하였다.

> 그러나 우리는 우리가 신체적 감각들에 의해 배운 것의 진실성을 의심할 수 없다. 신체적 감각들에 의해 우리는 하늘과 땅 그리고 하늘과 땅에서 우리에게 알려지는 것들을—우리와 그것들을 창조하신 분이 그것들이 우리의 인식 안에 존재하기를 원하는 범위 내에서— 인식하는 것을 배웠기 때문이다.[32]

우리의 감각은 사실을 전해 주지 않을 때도 있다.

> 눈이… 속임을 받을는지 모른다. 예컨대 노가 물속에서는 굽은 것처럼 보인다. 그리고 당신이 배를 타고 탑들 옆을 지나갈 때 탑들이 움직이는 것처럼 보인다. 그리고 외견상 보이는 것과는 다른 천여 가지 다른 것들이 있다. 이것은 육체의 눈에 의해 분별되는 것이 아니다.[33]

그러나 우리의 정신은 물속의 노가 실제로 굽지 않은 것을 안다. 우리의 감각이 물속의 노가 굽지 않은 것으로 감각한다면 그것이야말로 감각이 잘못하는 것이다. 감각은 물속의 노를 굽게

---

31 *On the Trinity*, 15.12.21, NPNF 1, 3:211.

32 *On the Trinity*, 15.12.21, NPNF 1, 3:211-212.

33 *On the Trinity*, 15.12.21, NPNF 1, 3:211.

감각하고 정신은 그 노가 굽지 않은 것으로 판단하는 것이 바른 판단이다.

이처럼 우리는 우리의 감각적 지식을 실제의 것으로 받아들일 뿐만 아니라 다른 사람들의 말도 사실로 받아들인다. 아우구스티누스는 또 이렇게 말하였다.

> 또한 우리는 다른 사람들의 증언에 의해 우리가 배운 것을 안다는 것을 부정할 수 없다. 그렇지 않다면 우리는 대양이 있다는 것을 알지 못할 것이며, 많은 보고가 우리에게 전해 주는 지역들과 도시들이 존재한다는 것을 알지 못할 것이며, 우리가 역사를 읽음으로써 배운 사람들이 존재하였다는 사실과 그들이 행한 일들을 알지 못할 것이며, 이 지역과 저 지역으로부터 매일 우리에게 전해지며 일관되고 일치되는 증거에 의해 확증되는 뉴스를 알지 못할 것이며, 끝으로 우리가 어디에서 태어났으며, 누구에게서 태어났는지를 알지 못할 것이다. 왜냐하면 이 모든 것에 있어서 우리는 다른 사람들의 증언을 믿고 있기 때문이다.[34]

요컨대 "우리는 우리 자신의 감각들뿐만 아니라 다른 사람들의 감각들도 참으로 우리의 지식에 매우 많은 것들을 첨가해 준다고 고백해야 한다."[35] "인간의 정신이 스스로 아는 것들 그리고 인간의

---

34 *On the Trinity*, 15.12.21, NPNF 1, 3:212.

정신이 신체적 감각들에 의해 아는 것들 그리고 인간의 정신이 다른 사람들의 증언에 의해 받아들이고 아는 것들, 이 모든 것은 기억의 창고에 쌓여지고 보관된다"[36]고 아우구스티누스는 말하였다.

아우구스티누스는 감각에 의해 만들어지는 심상과 이성의 작용이 다르다는 사실을 지적하였다.

> 만약 우리가 두 선을 매우 가깝게 그어서 그 두 선 사이의 공간에 바늘 점도 들어가기 어렵다면 우리는 심상에 의해서도 그 두 선과 부딪치지 않는 다른 중간선들을 그을 수 없을 것이다. 그러나 이성은 그 믿을 수 없이 좁은 공간에 무수히 많은 중간선을 그을 수 있다고 선언한다.[37]

데카르트는 아우구스티누스의 이런 구별을 삼각형과 천각형의 예를 들어 설명하였다. 우리는 삼각형을 세 변으로 구성된 도형으로 생각하듯이 천각형을 천 변으로 구성된 도형으로 생각할 수 있다. 그러나 삼각형은 마음으로 그려 볼 수 있지만 천각형은 마음으로 그려 볼 수 없다. "만약 내가 천각형을 생각하려고 한다면 삼각형을 단지 세 개의 변으로 구성된 도형으로 쉽게 생각하듯이 천각형은

35 *On the Trinity*, 15.12.21, NPNF 1, 3:212.

36 *On the Trinity*, 15.12.22, NPNF 1, 3:212.

37 *The Soliloquies*, 2.20.35, LCC 6:62.

천 개의 변들로 구성된 도형이라고 바로 생각한다. 그러나 나는 삼각형의 세 변을 심상으로 생각하듯이 천각형의 천 변을 심상으로 생각할 수 없으며, 말하자면 그것들을 내 정신의 눈에 현존하는 것으로 볼 수 없다."[38]

아우구스티누스는 우리가 물질적 대상을 보기 위해서는 세 가지가 있어야 한다고 말하였다. 첫째로는 볼 대상이 있어야 한다. 둘째로는 그것을 볼 수 있는 눈이 있어야 한다. 셋째로는 그 대상을 보려는 의지가 있어야 한다. 대상이 우리 앞에 있어도 우리가 시선을 집중하지 않으면 볼 수 없다.

> 우리가 물질적 대상들을 볼 때 다음의 세 가지 것들이 고려되고 구별된다. 첫째는 우리가 보는 대상 자체이다. 즉, 눈에 의해 보여질 수 있는 돌이나 불꽃이나 다른 어떤 것이다. 이것들은 보여지기 전에 확실히 존재한다. 다음으로 보는 것, 즉 보는 행위이다. 이것은 감각에 나타나는 대상 자체를 우리가 지각하기 전에는 존재하지 않는다. 셋째는 보여지는 대상이 보여지는 동안 눈의 감각을 보여지는 대상에 유지하는 것, 즉 정신의 집중이다.[39]

---

38 Rene Descartes, *Discourse on Method & Meditations on First Philosophy* (BN Publishing, 2007, 117.

39 *On the Trinity*, 11.2.2, NPNF 1, 3:145.

보기 위해서는 위의 세 가지가 있으면 되지만, 그러나 동물들과 인간들 사이에는 다른 점이 있다. 인간들에게는 동물들에게 없는 이성이 있다. "동물들 역시 외부로부터 오는 물질적인 대상들을 신체의 감각들을 통해 지각하고 그것들을 기억 속에 간직하고 그것들을 회상하고 그것 중 적절한 것들은 찾고 불편한 것들은 회피할 수 있다. … 그러나 이들 물질적인 대상들을 비물질적이고 영원한 이성들에 따라 판단하는 것은 더 높은 이성의 부분이다"[40]라고 아우구스티누스는 말하였다. 아우구스티누스의 이 구절에 대해 셰드(William G. T. Shedd)는 이렇게 주석을 달았다.

> 여기서는 동물 중에 존재하는 지성의 낮은 형태와 인간의 높은 형태 사이를 구별하고 있다. 칸트의 용어로 말하면 동물은 오성은 가지고 있으나 이성, 즉 이론적 이성이나 실천적 이성에 의해 계몽되지 않은 것이다. 동물은 지성은 가지고 있으나 그 지성은 시간과 공간의 형식들에 의해 그리고 양, 질, 관계 등등의 범주들에 의해 수정되지 않은 것이며, 더욱이 이성의 관념들에 의해, 즉 수학적 관념들 그리고 하나님, 자유 및 불사성의 관념들에 의해 수정되고 고양된 것이 아니다. 동물은 이성적 지성을 가지고 있지 않다. 동물은 이성이 없는 단순한 오성을 가지고 있다.[41]

40 *On the Trinity*, 12.2,2, NPNF 1, 3:155.

41 Cf. NPNF 1, 3:155-56, Footnote 1.

한편 코플스톤(Frederick Copleston, S. J.)은 이렇게 설명하였다.

예컨대 한 사람이 특정한 대상이 다른 대상보다 더 아름답다고 판단한다면 그의 비교적인 판단(…)은 미의 영원한 기준에 대한 언급을 함의하고, 이 선 혹은 저 선은 다소 똑바르다고 이 도형은 잘 그려진 원이라고 하는 판단은 이상적 직선과 완전한 기하학적 원에 대한 언급을 함의한다. 환언하면 그런 비교적 판단은 '관념들'(순수하게 직관적으로 이해되지 않음)에 대한 언급을 내포한다.[42]

4. 자아에 대한 인식

아우구스티누스는 하나님을 아는 것과 영혼을 아는 것을 가장 중요한 인식으로 생각하였다. 그리고 하나님과 영혼에 대한 그의 이해는 영적인 이해였으며, 그 영적 이해는 서양 사상에 큰 영향을 미쳤다.[43] 그의 『독백록』에서 이성은 아우구스티누스에게 "너는 무엇을 알기 원하는가?" 하고 묻고 아우구스티누스는 "나는 하나님

42 Copleston, *A History of Philosophy*, 2:57.

43 테스키는 이렇게 말했다. "하나님과 영혼에 대한 아우구스티누스의 영적 이해는 오는 수 세기 동안 서양에 있어서 지배적인 견해가 되었다." Roland J. Teske, S. J., *To Know God and the Soul: Essays on the Thought of Saint Augustine* (Washinton, D.C.: The Catholic University of America Press, 2008), 23.

과 영혼을 알기를 바란다" 하고 대답한다.[44] 아우구스티누스의 이런 생각은 칼빈에게 영향을 미쳤다. 그래서 칼빈의 『기독교 강요』는 "우리의 지혜의 전체 대요는—그것이 참되고 확고한 지혜로 간주되는 것이라면— 두 부분, 즉 하나님과 우리에 대한 인식으로 이루어진다"[45]라는 문장으로 시작한다.

아우구스티누스는 아카데미아 학자들의 회의주의에 반해 자기 존재의 확실성을 주장하였다. 아우구스티누스는 이렇게 말하였다.

> 아카데미아 학자들은 당신이 속임을 받는다면 어떻게 되는가 하고 말하지만, 나는 그들의 논증을 전혀 두려워하지 않는다. 만약 내가 속임을 받는다면 나는 존재하기 때문이다. 존재하지 않는 자는 속임을 받을 수 없으며, 만약 내가 속임을 받는다면 바로 그 때문에 내가 존재하기 때문이다. 그리고 만약 내가 속임을 받는다면 내가 존재한다고 할진대, 내가 존재한다고 믿는 데 있어서 어떻게 내가 속임을 받는가? 내가 속임을 받는다면 내가 존재한다고 하는 것이 확실하기 때문이다. 그러므로 속임을 받는 자인 나는 비록 속임을 받는다고 할지라도 존재해야 하기 때문에 내가 존재한다고 하는 이 인식에 있어서 속임을 받지 않는 것이 확실하다. 그리고 결과적으로 내가 인식하고 있다는

44 *The Soliloquies*, 1.2.7, LCC 6:26.

45 *Calvin: Institutes of the Christian Religion*, ed. John T. McNeill and trans. Ford Lewis Battles (The Library of Christian Classics: Philadelphia: The Westminster Press, 1960), 1.1.1. (이하 Inst.라 약함.)

것을 인식하는 데 있어서 나는 또한 속임을 받지 않는다. 내가 존재하는 것을 내가 인식하듯이 내가 인식하는 것을 또한 내가 인식하기 때문이다. 그리고 내가 이 두 가지 것들을 사랑할 때 나는 그것들에 제삼의 것, 즉 나의 사랑을 추가하는데, 그것은 똑같이 중요한 것이다. 내가 사랑하는 이것에 있어서도 나는 속임을 받지 않는다. 내가 사랑하는 그것들에 있어서 내가 속임을 받지 않기 때문이다. 이것들이 거짓되다 하더라도 내가 거짓된 것들을 **사랑한** 것은 여전히 진실일 것이다. 만일 내가 그것들을 사랑한 것이 거짓이라면 어떻게 내가 거짓된 것들을 사랑하였다 비난받고 사랑하지 않도록 금지당하는 것이 정당하겠는가? 그러나 그것들이 진실되고 실제적일진대 그것들이 사랑받을 때 그것들에 대한 사랑 그 자체가 진실되고 실제적이라는 사실을 누가 의심하겠는가? 나아가서 행복하기를 원하지 않는 사람이 아무도 없듯이 존재하기를 원하지 않는 사람은 아무도 없다. 만약 그가 무라면 어떻게 그가 행복할 수 있겠는가?[46]

심지어 자기의 존재를 의심하는 사람이라도 자기가 의심하고 있다는 사실은 의심하지 못할 것이다. 또 아우구스티누스는 말하였다.

자기가 의심을 가지고 있다는 것을 아는 사람은 누구나 참된 어떤 것, 즉 그가 의심한다는 것을 확실히 안다. … 따라서 모든 가능한 영역에

46 *The City of God*, 11.26, NPNF 1, 2:220.

서 그에게 의심이 생긴다 하더라도 진리(the truth)의 존재에 대하여 의심을 가져서는 안 된다.[47]

아카데미아 학자들은 내가 현재 인식하고 있는 것이 잠 속에서, 꿈속에서 인식하고 있는지도 모른다고 주장할 수 있다. 그러나 내가 존재하지 않는다면 꿈을 꿀 수도 없을 것이다. 아우구스티누스는 또 이렇게 말하였다.

우리가 살아 있다고 우리가 인식하는 인식은 모든 인식 가운데 가장 내적이다. 그것에 대해 아카데미아 학자들도 부인할 수 없을 것이다. 그들은 이렇게 말한다. 아마 당신이 잠이 들고 그리고 당신이 그것을 인식하지 못하고 그리고 당신이 잠 속에서 사물들을 보고 있는지도 모른다. 사람들이 꿈속에서 보는 것이 깨어 있을 때 보는 것과 똑같다는 것을 인식하지 못하는 사람이 누가 있겠는가? 그러나 자기 자신의 삶에 대한 인식을 확신하는 사람은 내가 깨어 있다는 것을 내가 인식한다고 말하는 것이 아니라 내가 살아 있다는 것을 내가 인식한다고 말하는 것이다. 그러므로 그가 잠 중에 있든 깨어 있든 그는 살아 있다. 또한 그는 꿈속의 인식에 의해 속임을 받을 수 없다. 잠을 자고 잠 속에서 보는 것 둘 다 살아 있는 사람에 속하기 때문이다.[48]

---

47 *On True Religion*, 39.73, LCC 6:262-263.

48 *On the Trinity*, 15.12, NPNF 1, 3:211.

그리고 아카데미아 학자들은 내가 현재 인식하고 있는 것이 내가 미친 상태에서 잘못 인식하고 있는 것인지도 모른다고 주장할 수 있다. 그러나 내가 존재하지 않는다면 나는 미칠 수 없다. "또한 아카데미아 학자들이 이 인식을 반박하면서 이렇게 말할는지 모른다. 아마 당신이 미쳤고, 그것을 알지 못하는지 모른다. 미친 사람이 보는 것이 건강한 사람이 보는 것과 똑같기 때문이다. 그러나 아카데미아 학자들은 그렇게 말할 수 없다. 미친 사람은 살아 있다. 그는 아카데미아 학자들에게 내가 미치지 않았음을 인식하는 것이 아니라 내가 살아 있다는 것을 인식한다고 대답할 것이다"[49] 하고 아우구스티누스는 말하였다.

아우구스티누스는 인간에게 있어서 신앙과 인식의 일치를 주장하였다. 그는 이사야 7장 9절에 관한 설교인 "설교 43"에서 이렇게 말하였다. "어떤 사람이 나에게 말합니다. '내가 믿기 위하여 이해시켜 주십시오.' 나는 대답합니다. '당신이 이해하기 위하여 믿으십시오.'"[50] 아우구스티누스는 이렇게 말하고 나서 "당신이 믿기 위하여 이해하시오. 당신이 이해하기 위하여 믿으시오"라고 말하였다. 그러면서 그는 전자는 자신의 말이고 후자는 하나님의 말씀이라고 하였다.[51] 말하자면 인간은 먼저 이해하기 위하여 믿어야 하고

---

49 *On the Trinity*, 15.12, NPNF 1, 3:211.

50 Sermo 43, OSA 7:636. "Dicit mihi homo: Intelligam, ut credam; respondeo: Crede, ut intelligas."

51 Sermo 43, OSA 7:641. "Ergo intellige, ut credas; crede, ut intelligas. Breviter

그리고 나서 믿기 위하여 이해해야 한다. 아우구스티누스의 이런 사상은 중세 교회의 맹목적인 신앙(*implicita fides*)을 비판하고 명시적 신앙을 강조한 칼빈의 사상과 맥을 같이한다고 할 수 있다.[52] 칼빈은 중세 교회의 맹목적인 신앙을 이렇게 비판하였다. "그들은 그들의 모호한 정의로 신앙의 전체 힘을 쇠약하게 하고 거의 말살하는 것 이외에 '맹목적인 신앙'이라는 허구를 만들었다. … 더욱이 문제의 진상을 참되고 솔직하게 진술한다면 이 허구는 참된 신앙을 매장할 뿐만 아니라 철저하게 파괴한다"[53]라고 칼빈은 말하였다. 또한 칼빈은 "당신이 당신의 감정을 교회에 복종적으로 종속시키기만 하면 아무것도 이해하지 못해도 된다는 것, 이것이 믿는 것인가?"[54] 하고 반문하였다. 칼빈은 이어서 이렇게 말하였다. "그리스도를 통해 성취된 화해 때문에(고후 5:18-19) 하나님은 우리의 자애로운 아버지이며 그리스도가 의, 성화, 및 생명으로 우리에게 주어졌다는 것을 알 때 우리는 구원을 얻는다. 이 지식에 의해서 우리가 하늘나라에 들어가는 것이지 우리의 감정을 종속시킴으로써 들어가는 것이 아니다."[55] 코크런(Charles Norris Cochrane)이 지적한 것

---

dico quomodo utrumque sine controversia accipiamus. Intellige, ut credas, verbum meum; crede, ut intelligas, verbum dei."

52 칼빈의 신앙론에 관해서는 졸저, 『칼빈: 생애와 사상』 (개정 증보판; 서울: 한국신학연구소, 2005), 170-188 참조.

53 Inst. 3.2.2.

54 Inst. 3.2.2.

55 Inst. 3.2.2.

처럼, 아우구스티누스의 입장은 "불합리하기 때문에 나는 믿는다"(*credo quia absurdum*)라고 한 테르툴리아누스의 맹목적인 신앙관과는 다른 것이었다.[56]

또한 아우구스티누스는 인간에게 있어서 인식과 의지의 일치, 인식과 사랑의 일치를 강조하였다. 아우구스티누스는 이렇게 말하였다.

> 이 셋, 즉 기억, 이해, 의지는 세 삶이 아니라 한 삶이며 세 정신이 아니라 한 정신이기 때문에 세 실체가 있는 것이 아니라 한 실체가 있다. …나는 내가 기억과 이해와 의지를 가지고 있음을 회상한다. 나는 내가 이해하고 의지하고 회상함을 이해한다. 나는 내가 의지하고 회상하고 이해함을 의지한다. 나는 나의 전체 기억과 이해와 의지를 함께 회상한다.[57]

코크런이 지적한 것처럼 아우구스티누스의 업적은 퍼스낼리티의 발견("nostra philosophia: the discovery of personality")[58]이며, 그

56 Charles Norris Cochrane, *Christianity and Classical Culture: A Study of Thought and Action from Augustus to Augustine* (London: Oxford University Press, 1944), 401.

57 *On the Trinity*, 10.11.18, NPNF 1, 3:142.

58 이것은 코크런의 책의 11장의 제목이다. 그러나 빈델반트는 퍼스낼리티의 중요성에 대한 인식은 아우구스티누스 이전부터 있었다고 보았다. Wilhelm Windelband, *History of Philosophy*, trans. James H. Tufts (New York: Harper & Row, 1958),

목표는 퍼스낼리티의 통전성이었다고 할 수 있다. 아우구스티누스는 펠라기우스주의에 반해 은총을 강조하였지만, 은총과 자유의지는 모순되는 것이 아니었다. 코크런이 지적한 것처럼 아우구스티누스에게 있어서 은총의 완전성은 자유의 완전성이었다.[59] 아우구스티누스는 "자유의지가 은총을 통해 폐기되는 것이 아니라 확립된다"[60]고 말하였다.

5. 하나님에 대한 인식

전술한 바와 같이 아우구스티누스는 하나님을 아는 것과 영혼을 아는 것을 가장 중요한 인식으로 생각하였다. 『고백록』을 보면 아우구스티누스는 현세에서도 하늘의 신비를 체험할 수 있는 것으로 생각하고 있음을 알 수 있다. 387년 이탈리아 오스티아에 있는

---

219. "Differently as the relation between these two forms was conceived of, it is yet the common mark of all Alexandrian philosophy that it regards *divine revelation as the highest source of knowledge.* Already in this innovation in the theory of knowledge, we find expressed the heightened value which this period put upon *personality*, and on personality as evincing itself in the feelings. The longing of this time desired that the truth might be found by experience, as an inner communion of man with the Supreme Being."

59 Cochran, *Christianity and Classical Culture*, 454.

60 *The Spirit and Letter*, 30.52, LCC 8:236, OSA 6:683. "liberum arbitrium per gratiam non evacuatur, sed statuitur."

한 별장에서 이제 막 세례를 받은 아우구스티누스와 그의 어머니 모니카가 대화를 나누고 있었다. 특히 그들은 성도들의 영원한 삶이 어떠할 것인가 하는 문제에 대해서 이야기하고 있었다.

> 우리의 대화가 앞으로 올 저 삶의 감미로움에 비교했을 때, 최상의 육체적 감각과 가장 강한 육체적 빛의 조명이 비교할 가치도 없고 언급할 가치도 없는, 그 경지로 우리를 이끌었을 때, 우리는 자기 자신인 분(the Selfsame)을 향한 더욱 열렬한 사랑으로 우리를 고양하였으며, 우리는 점점 물체적 대상들의 수준을 지나갔으며, 나아가서 태양과 달과 별들이 땅을 비추는 그 하늘을 지나갔습니다. 참으로 우리는 당신의 일들에 대해 내적으로 명상하고 이야기하고 감탄하면서 더 높이 올라갔습니다.[61]

그 두 사람은 무아경의 환희를 체험하였다. 이 체험 이후에 모니카는 아우구스티누스에게 이렇게 말하였다. "아들아, 나는 이생에서 더 이상 어떤 것에서도 어떤 즐거움도 찾을 수가 없구나. 이 세상에서의 나의 희망들이 이루어졌기 때문에 여기서 내가 더 바랄 것이 무엇이며, 내가 여기에 있어야 할 이유를 모르겠다." 그리고 모니카는 얼마 지나지 않아 숨을 거두었다. 모니카는 임종 자리에서 장지 문제로 걱정하는 아들들에게 이렇게 말하였다. "이

---

61 *Confessions*, 9.10.24, LCC 7:193.

육신은 어느 곳에든 묻어라. 그 문제 때문에 걱정하지 말라. 내가 단 한 가지를 부탁한다. 너희가 어느 곳에 있든지 주님의 제단 앞에 있는 나를 기억하여라."[62]

그러나 그것은 하나님을 직접 보는 것은 아니다. 아우구스티누스는 『삼위일체론』에서 모세의 예를 든다. 모세는 하나님을 보기를 원하였다. 그러나 하나님은 그것을 허락하지 않았다. "모세가 그것을 바랐지만, 그에게 허락되지 않았다."[63] "그 후 주께서 모세에게 말씀하였다. '너는 나의 얼굴을 볼 수 없다. 왜냐하면 내 얼굴을 보고 살 사람이 아무도 없을 것이기 때문이다. … 너는 나의 등을 볼 것이나 나의 얼굴은 보지 못할 것이다.'"[64] 아우구스티누스는 그리스도의 육체가 그리스도의 등이라고 보았다.[65] 성서에는 우리가 그 자신을 볼 것이라고 했는데(요일 3:2), 이것은 내세에 될 일을 가리킨다고 아우구스티누스는 보았다.[66]

---

62 *Confessions*, 9.11.27, LCC 7:195.

63 *On the Trinity*, 2.16.27, NPNF 1, 3:50.

64 *On the Trinity*, 2.16.28, NPNF 1, 3:50.

65 *On the Trinity*, 2.17.28, NPNF 1, 3:50, OSA 5:213. "ut posteriora eius accipiantur caro eius."

66 *On the Trinity*, 2.17.28, NPNF 1, 3:51.

6. 결언

우리는 본 장에서 아우구스티누스의 인식론을 살펴보았다. 아우구스티누스의 인식론은 그의 신학이 신학사에 미친 영향 못지않게 인식론의 역사에 영향을 미쳤다.

아우구스티누스의 인식론의 특징은 플라톤의 상기설에 대비되는 조명론으로 이해되어 왔다. 그런데 아우구스티누스의 조명론이 무엇인가 하는 문제에 대해 학자들은 다양하게 설명해 왔다. 범신론적 해석으로부터 시작하여 존재론적 해석, 추상론적 해석, 조화론적 해석, 형상론적 해석, 역설적 해석 등이 있어 왔다. 본고에서 살펴본 바에 의하면, 아우구스티누스의 조명론에는 양면성이 있는데, 그것은 일반 조명론과 특수 조명론이다. 하나님의 빛은 모든 사람에게 주어져 있어서 선천적이면서, 또한 구원받을 자에게는 특별한 구원의 빛을 비친다는 것이다.

아우구스티누스는 아카데미아 학자들의 회의주의를 비판하였다. 그는 그들에 대하여 "내가 속임을 받는다면 내가 존재한다"(*si fallor, sum*)라는 유명한 명제를 남겼다. 그는 자기 존재의 확실성을 받아들일 뿐만 아니라 감각적 인식의 진실성도 받아들이고 다른 사람들의 이야기의 진실성도 받아들였다.

그는 하나님을 아는 것과 영혼을 아는 것을 최고의 인식으로 보았다. 특히 그는 인간의 인격의 통일성을 강조하였다. 그는 신앙과 인식의 일치, 곧 지성적 신앙을 주장하였다. 그리고 그는 인식과 의지의 일치, 즉 지행일치를 강조하였다.

아우구스티누스는 하나님을 보는 문제에 대해 이생에서는 하나님의 등만 볼 수 있을 뿐이라고 하였으며, 그런 점에서 그리스도의 육체도 하나님의 등으로 해석하였다. 그러나 우리가 내세에서는 하나님을 볼 것이라고 하였다.

3장
삼위일체론

1. 서언

펠리칸(Jaroslav Pelikan)이 잘 지적한 바와 같이 "초대교회의 교리적 발전의 절정은 삼위일체의 교의"[1]였으며, 제에베르크(Reinhold Seeberg)가 바르게 지적한 것처럼 "서방의 삼위일체 개념은 아우구스티누스의 광범하고 웅장한 저작인 『삼위일체론』에서 그 결정적인 진술에 이르렀다."[2] 이처럼 아우구스티누스의 삼위일체론은 기독교 교리 발전의 결정을 이루고 있지만 그 명성에 상응한

---

1 Jaroslav Pelikan, *The Christian Tradition. A History of the Development of Doctrine, Vol. I: The Emergence of the Catholic Tradition (100-600)* (Chicago: The University of Chicago Press, 1971), 172.

2 Reinhold Seeberg, *The History of Doctrines*, 2 vols., trans. Charles E. Hay (Grand Rapids, Michigan: Baker Book House, 1983), I:237.

대우를 받지 못한 것 같다. 그 까닭은 아우구스티누스의 다른 교리들, 즉 펠라기우스파와의 논쟁 중에 확립된 죄와 은총론이나 도나투스 파와의 논쟁 중에 형성된 교회론이나 로마 함락 이후 저작된 『신국론』에서 피력한 역사 신학이 후대에 크나큰 영향을 미쳤기 때문이다. 그래서 삼위일체론은 상대적으로 주목을 덜 받았다 하겠다. 아우구스티누스의 삼위일체론은 논쟁이 와중에서 형성된 것이 아니라 삼위일체론적 논쟁이 종결되고 난 다음 그 논쟁을 회고하면서 정리한 것으로, 그의 다른 교리들에 비해 박진감이 덜한 것도 사실이다. 그러나 그는 이 저작을 무려 20여 년간에 걸쳐,[3] 그 자신의 표현대로 하자면 "매우 젊은 사람으로 시작하여 노년에 출판했으며",[4] 그래서 이 저작은 그의 원숙한 사상을 진지하게 피력한 것으로 매우 중요한 위치에 있다고 하겠다.

아우구스티누스의 삼위일체론이 비교적 관심을 덜 끈 것은 제에베르크와 같은 교리 사가들이 내린 부정적인 평가에도 기인한다. 제에베르크는 아우구스티누스의 삼위일체론이 그리스도인의 경건에 별 영향을 끼치지 못했다고 비판했다.

그것이 사실상 실제적 경건에 별 영향을 끼치지 못했다는 사실 때문

---

3 Cyril C. Richardson, "The Enigma of the Trinity," *A Companion to the Study of St. Augustine*, ed. Roy W. Battenhouse (Grand Rapids, Michigan: Baker Book House, 1979), 236.

4 NPNF 1, 3:14.

에 더욱 주목할 만하다. 그것은 아우구스티누스적 이론이 단순히 '내재적' 삼위일체론에 관심을 두었지, 이것을 '경륜적' 삼위일체론의 관점에서 연역하지 않았던 사실 때문이다. 반면에 삼위일체에 대한 실제적, 종교적 개념은 하나님의 계시된 삼위일체적 활동에 대한 명상으로부터만 얻을 수 있다.[5]

제에베르크는 아우구스티누스의 삼위일체론을 순수하게 사변적인 교리 해설로 보았던 것 같다. 또한 아우구스티누스의 삼위일체론은 사벨리우스주의적 경향을 가진 것으로 비판한 사람들도 있다. 그러나 우리가 아우구스티누스의 삼위일체론을 직접 연구해 보면 이런 평가가 얼마나 피상적임을 알게 된다. 아우구스티누스는 결코 자기 임의의 사색으로 삼위일체론을 설명하려고 하지 않았다. 그는 철저하게 먼저 믿고 그 믿는 바를 이해하려고 노력하는 그의 방법론에 따라, 전통적인 교회의 가르침을 그대로 믿으면서 그 교회의 가르침을 이해하고 설명하려고 노력한 것이지, 자기 나름의 사변적 사색을 한 것은 아니었다. 또한 아우구스티누스는 삼위일체론을 전개하면서 정신에 나타난 삼위일체의 이미지를 회복하여 하나님에 대한 완전한 지식과 사랑에 이르며, 하나님의 사랑으로 이웃을 사랑하는 사랑의 신학을 전개하고 있다. 제에베르크의 평가와는 달리 아우구스티누스의 삼위일체론은 그리스도인의 경건과 삶으

---

5 Seeberg, 1:240-241.

로 발전하고 있다. 우리는 여기서 아우구스티누스의 삼위일체론을 새롭게 해석함으로써 아우구스티누스가 생각한 그리스도인의 신앙의 대상인 하나님이 누구이며, 그 하나님을 믿는 신앙인들의 실천적 경건이 어떠한지를 밝혀 보려고 한다.

2. 아우구스티누스 이전의 삼위일체론의 발전

문헌상 처음으로 삼위일체라는 말을 사용한 사람은 안디옥의 테오필루스였다. "같은 방식으로 빛들이 있기 전의 삼일은 하나님, 그의 말씀, 그의 지혜, 즉 삼위일체의(τριˀδος) 유형들이다."[6] 그러나 그가 별다른 설명 없이 삼일이 "삼위일체의 유형들"이라고 자연스럽게 말하고 있는 것으로 보아 전부터 이 말이 이런 개념으로 사용되어 온 것 같다.

동방에서 삼위일체론의 발전에 큰 영향을 미친 사람은 오리게네스였다. 오리게네스는 신플라톤주의의 영향을 받아 성부 · 성자 · 성령의 관계를 종속적으로 설명했다.

> **하나님 아버지는 우주를 잡고 있는 분으로 모든 존재보다 우월하다. 왜냐하면 그는 자기 자신의 존재로부터 각자에게 각자의 존재를 부여**

---

6 *Theophilus to Autolycus*, 2.15, ANF, 2:101.

하기 때문이다. 성자는 성부보다는 못한 분이지만 이성적 피조물보다는 우월하다(왜냐하면 그는 성부 다음이기 때문이다). 성령은 더 못한 분이며 성도들 안에서만 거한다. 그래서 이런 방식으로 성부의 힘은 성자의 성령의 힘보다 크고 성자의 힘은 성령의 힘보다 많다. 또한 성령의 힘은 다른 모든 거룩한 존재의 힘을 능가한다.[7]

오리게네스는 이런 관점에서 성부로부터 성자의 "영원한 출생"[8]을 말하는가 하면, 성자를 "제2의 하나님"[9] 혹은 "피조물"[10]이라고 말하기도 한 것 같다.

오리게네스의 이런 모호한 가르침 때문에 그의 제자들은 크게 둘로 나누어지게 되었다. 오리게네스의 가르침에서 성부로부터 성자의 영원한 출생을 받아들인 사람들은 성자는 성부와 동일본체라고 주장했으나 오리게네스의 가르침에서 성자는 성부보다

---

7 Origen, *On First Principles*, 1.3.5, trans, G. W. Butterworth (Gloucester, Mass.: Peter Smith, 1973), 34.

8 Origen, *On First Principles*, 1.2.4, ibid., 18.

9 Origen, *Against Celsus*, 5.39, ANF, 4:561.

10 Cf. Origen, *On First Principles*, 1. preface, 4, n.1, op. cit., 3.
루피누스의 라틴어 번역에는 *On First Principles*, 1. preface, 4가 "Christ Jesus, he who came to earth, was begotten of the Father before every created thing" (ibid.)이라고 되어 있으나 제롬은 아비투스에게 보낸 서신에서 오리게네스의 이 저서에 대해 언급하면서 "It begins by saying that Christ was made God's son not born" (NPNF 2, 6:238)이라고 말한다. 루피누스가 오리게네스에 대한 비판을 막기 위해 원문을 수정하여 번역했던 것 같다.

못한 제2의 하나님 혹은 피조물이라는 주장을 받아들인 사람들은 성자는 하나님도 인간도 아닌 제3의 존재라고 보았다. 320년경 알렉산드리아에서 알렉산더 감독과 아리우스 장로 사이에서 시작된 이 논쟁은 동방 교회 전역으로 확산되게 되었다. 이 논쟁에서 아리우스는 "성자는 시작이 있으나 하나님은 시작이 없다", "성자는 존재하지 않은 것들로부터 만들어졌다"고 말했다.[11] 이에 반해 알렉산더 감독은 성자는 성부처럼 영원하며, 무로부터 창조된 것이 아니라 태어났으며 그래서 성부와 동등하다고 보았다.[12] 이 논쟁은 325년 콘스탄티누스 황제가 소집한 니케아 총회에서 결말을 보게 되는데, 니케아 신조에서는 성자는 "태어났으며, 창조되지 않았으며, 성부와 동일 본체(ὁμοούσιου)"[13]라고 했다.

니케아 총회가 끝난 후 동방의 다수의 감독들은 동일 본체라는 말이 사벨리우스주의처럼 생각되어 그 말을 피하게 되었다. 그들은 동일 본체라는 말 대신에 유사본체(ὁμοιούσιοσ)라는 말을 사용했다. οὐσία라는 말은 존재 혹은 본질이라는 뜻이 있으므로, 호모우시오스를 동일 존재로 이해한 사람들은 이 말을 사용하면 성자가 곧 성부가 되므로 사벨리우스주의의 이단으로 생각되었으며, 호모우시오스를 동일 본질로 이해한 사람들은 이 말이 사벨리우스주의로

11 "The Letter of Arius to Eusebius of Nicomedia," LCC 3:330.

12 "The Epistle of Alexander Bishop of Alexandria," quoted in Socrates, *Church History*, 1.6, NPNF 2, 2:4.

13 Socrates, *Church History*, 1.8, NPNF 2, 2:10.

생각되지 않았다. 결국은 호모우시오스를 사용하던 구 니케아파와 호모우시오스를 피하고 호모이우시오스를 사용하던 신 니케아파는 같은 것을 의미한다는 데 합의를 보게 되었다.

이렇게 해서 성자와 성부의 관계 문제는 해결되었으나, 그 사이에 마케도니우스주의자들이 나타나서 성령은 성부의 피조물이라고 주장했다. 마케도니우스주의자들을 비판하고 성부 · 성자 · 성령의 삼위일체론을 확립하는 데 크게 공헌한 사람들은 카파도키아의 세 교부, 즉 바실리우스, 나지안주스의 그레고리우스, 니사의 고레고리우스였다. 바실리우스는 οὐσία와 ὑπ῀στασις를 구별하여 성부 · 성자 · 성령, 삼위에 대해서는 ὑπ῀στασις를 사용하고 일체에 대해서는 οὐσία를 사용했다.[14] 세 ὑποστ᾿σεις가 한 οὐσία에 있다는 이 가르침은 삼위일체론의 발전에 큰 공헌을 했다. 그리고 나지안주스의 고레고리우스는 성부 · 성자 · 성령에 대해 태어나지 않은 분, 태어난 분, 발출된 분이라고 설명함으로써[15] 삼위를 구별하는 데 공헌했다.

동방 교회가 삼위일체론을 확립하기 위해 긴 논쟁을 거친 것과는 달리 서방 교회는 일찍이 테르툴리아누스에 의해 삼위일체론이 확립되게 되었다. 테르툴리아누스는 단일신론을 비판하고 삼위일체론을 확립하는 데 공헌했다. 단일신론에는 두 유형이 있었는데,

---

14 Basil, *Letters*, 236,6, NPNF 2, 8:278.

15 Gregory of Nazianzus, *The Theological Orations*, 3.2, LCC, 3:161.

하나는 역동적 단일신론(Dynamic Monarchianism)으로 하나님은 한 분이며 그리스도는 한 인간이었으나 하나님의 δύναμις, 즉 능력이 그 안에서 역사했다고 했으며, 다른 하나는 양태적 단일신론(Modalistic Monarchianism)으로 하나님은 한 분으로 구약 시대에는 성부로, 신약 시대에는 성자로 나타났다고 했다. 양태적 단일신론에 의하면 십자가에 못 박힌 분이 바로 성부 하나님이 되므로 이것을 성부수난설이라고도 불렀다. 테르툴리아누스는 단일신론을 비판하면서 성부 · 성자 · 성령은 세 위격(three Persons)이나 한 본체(of one substance)라고 했다.[16] 그는 한 나라를 왕이 소유하지만 동시에 왕자가 소유할 수 있는 것처럼 성부 · 성자 · 성령은 한 본체를 가지는 것으로 보았다.[17]

서방 교회에서는 히폴리투스와 노바티아누스가 테르툴리아누스를 이어 단일신론에 대해 삼위일체론을 발전시키는 데 공헌했다. 노바티아누스는 테르툴리아누스와 비슷하게[18] 요한복음 10장 30절의 "나와 아버지는 하나이니라"는 말씀에서 하나라는 말이 남성이 아니라 중성임을 지적하면서 양태적 단일신론을 반박했다. "하나를 중성으로 말했지, 남성으로 말하지 않았다. 그 표현은 숫자를 가리키는 것이 아니라 다른 분과의 연합을 가리킨다."[19]

---

16 Tertulian, *Against Praxeas*, 2. ANF, 3:598.

17 Ibid., 3, ANF, 3:599.

18 Ibid., 25, ANF, 3:621.

19 *A Treatise of Novatian Concerning the Trinity*, 27. ANF, 5:639.

서방 교회의 삼위일체론은 힐라리우스의 『삼위일체론』이라는 대작에 이르러 집대성되게 되었다. 힐라리우스는 카파도키아 교부들의 가르침에 의존하면서 서방에서 삼위일체론을 발전시키는 데 크게 기여했다. 그는 성령에 대해 성부로부터 독생자를 통해 나왔다고 함으로써[20] 동방 교회의 삼위일체론을 그대로 따랐다. 아우구스티누스는 힐라리우스를 통해 동방 교회 교부들의 삼위일체론을 배워 이를 서방의 삼위일체론적 해석과 종합한 완벽한 체계를 세웠다. 아우구스티누스의 삼위일체론은 동·서방 교회의 삼위일체론을 종합한 정교하고도 거대한 체계였다.

3. 아우구스티누스의 『삼위일체론』의 구성

아우구스티누스는 399년경에 『삼위일체론』을 집필하기 시작하여 제12권까지 집필하고 일단 집필을 중단했다. 그 후 누군가 이 완성되지 않은 책을 출판함으로써 아우구스티누스를 당황하게 했다. 그는 자기가 생각하는 삼위일체론이 오해되지 않도록 나머지 부분을 추가하여 15권으로 된 『삼위일체론』을 최종적으로 출판했다. 제15권을 읽어 보면 왜 아우구스티누스가 조기의 출판을 못마땅하게 생각했는지 쉽게 알 수 있다. 그는 제14권까지 설명한 삼위일

20 Hilary, *On the Trinity*, 12.57, NPNF 2, 9:233.

체의 흔적이 삼위일체를 설명하는 데 있어 도움이 되지만 동시에 역기능을 하고 있음을 알고 있었다. 그래서 그는 그 역기능을 설명하지 않고 출판한 책을 인정할 수가 없었다. 따라서 우리가 『삼위일체론』의 한 부분에서 발췌하여 아우구스티누스가 삼위일체를 기억, 이해, 의지가 셋이면서 한 정신을 이루는 것으로, 단일신론적으로 설명했다고 주장한다면 아우구스티누스를 크게 잘못 이해하는 것이 될 것이다.

아우구스티누스의 『삼위일체론』은 크게 두 부분으로 나눌 수 있다. 제1권부터 제7권까지는 성서의 말씀을 중심으로 삼위일체론을 설명하면서 삼위일체를 부정하는 듯한 성서 구절은 삼위일체론에 따라 해석하고 있다. 그리고 제8권부터 마지막 제15권까지는 삼위일체의 흔적을 중심으로 삼위일체론을 설명하고 있다.

제1권에서는 삼위의 동일성과 동등성을 성서로부터 설명하며 성부에 대한 성자의 동등성을 부정하는 것으로 보이는 구절들에 대해 설명한다. 제2권에서는 성자와 성령을 세상에 보낸 일과 여러 형태의 하나님의 현현에 대해 다루면서 한 분은 보내고 다른 분은 보냄을 받았다고 해도 보냄을 받은 분이 보낸 분보다 작지 않음을 설명한다. 삼위는 모든 것에 있어서 동등하며 또한 그 본성상 불변적이고 불가시적이고 편재하여, 보냄에 있어서나 현현에 있어서 불가분적으로 역사한다고 한다. 제3권에서는 구약 성서의 성인들에게 나타난 하나님의 현현을 다룬다. 제4권에서는 성자의 보냄에 대해 설명한다. 성자가 육체의 형상 속에 보냄을 받아 성부보다 작지만, 성자가 성자 자신에 의해서도 보냄을 받았기 때문에 성부보다 작지 않다고 한다. 성령도 보냄을 받았지만, 성령 자신도 보냈기 때문에 성부와 성자보다 작지 않다고 한다.

제5권에는 삼위일체의 대한 이단들의 주장을 논박한다. 이단들은 낳은 분과 낳아지는 분, 혹은 낳아지지 않은 분과 낳아지는 분은 다르기 때문에 성부와 성자는 실체가 다르다고 주장한다. 아우구스티누스는 이 말들은 하나님에 대해 관계적으로 말한 것이지 실체에 대해 말한 것이 아니라고 논박한다. 성부가 아버지라 불리는 것은 성자에 대해서 그렇게 불리며, 주님이라 불리는 것은 그를 섬기는 피조물들에 대해서 그렇게 불리는 것이다. 그러므로 그것은 성부의 실체에 대한 언급이 아니며, 그래서 성부와 성자의 실체가 다르다는 주장을 반박한다. 제6권에서는 그리스도를 "하나님의 능력이요 하나님의 지혜니라"고 한 말씀에 따라 성부는 지혜 자신이 아니라 다만 지혜의 아버지라고 주장하는 것을 비판한다. 그리고 우리는 삼위일체를 믿어야 하지 삼중적 하나님을 믿어서는 안 된다고 한다. 그리고 성부 속에서의 영원성, 이미지 속에서의 현현, 은사 속에서의 사용이라는 힐라리우스의 말을 설명한다. 제7권에서는 제6권에서 제기했던 문제를 다룬다. 성자, 즉 그의 능력과 지혜를 낳은 성부 하나님은 능력과 지혜의 아버지일 뿐만 아니라 그 자신이 능력과 지혜이다. 성령도 마찬가지이다. 하지만 한 하나님과 한 본질이 있듯이 세 능력과 세 지혜가 존재하는 것이 아니라 한 능력과 한 지혜가 존재한다고 한다. 그리고 라틴인들이 하나님에 있어서 한 본질과 세 위격을 말하는 것과 헬라인들이 한 본질, 세 실체 혹은 본체를 말하는 것을 다루며 두 개의 표현 방식은 언어의 차이에서 왔다고 설명한다.

제8권에서는 성부가 성자보다 더 크지 않을 뿐만 아니라 성부와 성자를 합쳐도 성부보다 크지 않으며, 삼위일체 중 어느 두 위도 한 위보다 크지 않고 심지어 삼위 셋을 합쳐도 그중의 한 위보다 크지 않다고 말한다. 그리고 하나님의 본성 자체가 진리에 대한 우리의 이해, 최고선에 대한 우리의 인식, 의에 대한 본유적 사랑으로부터 이해될 수 있다고 말한다. 그리고 의에 대한 본유적 사랑 때문에 의로운 영혼이 아직 의롭지 않은 영혼에 의해 사랑받는다고 말한다. 성서에서는 하나님을 사랑이라고 말하는데, 무엇보다 하나님에 대한 지식을 사랑에 의해 찾아질 수 있다고 한다. 그리고 이 사랑 속에 삼위일체의 흔적이 있음을 말한다.

제9권에서는 하나님의 형상인 인간 안에 존재하는 삼위일체의 흔적에 대해 설명한다. 즉, 정신과 정신이 자체를 인식하는 인식과 정신이 그 자체와 그 자체에 대한 인식을 사랑하는 사랑이라고 한다. 이 셋은 상호 동등하며 한 본체임을 설명한다. 제10권에서는 인간의 정신 속에 있는 삼위일체의 또 다른 흔적, 즉 기억과 이해와 의지에 대해 설명한다. 제11권에서는 외적 인간 안에 있는 삼위일체의 흔적을 설명한다. 우선 보는 것에 대해 설명한다. 보여지는 물체적 대상이 있고, 그 대상에 의해 보는 사람의 시각 위에 남겨지는 형상이 있고, 그 둘을 결합시키는 의지의 목적이 있다. 하지만 이것은 상호 동등하지도 않고 한 본체도 아니라고 덧붙인다. 그다음으로는 정신 속에 지각되는 것에서 삼위일체의 흔적이 있다. 즉, 기억 속에 있는 물질적 대상의 이미지, 생각하는 사람의 정신의 눈이 그것으로 향할 때 형성되는 인상, 그 둘을 결합시키는 의지의 목적이다. 제12권에서는 지혜와 지식 사이를 구별하면서 이 둘에 있어서 삼위일체를 설명하지만, 그 삼위일체도 하나님의 이미지로 생각될 수 없다고 한다. 제13권에서는 기독교 신앙과 관련하여 삼위일체를 설명한다. 기억 속에 말씀이 있으며, 인간이 그것을 생각할 때 정신의 눈으로 그것을 보며, 끝으로 의지가 그 둘을 결합시킨다고 한다. 제14권에서는 인간이 하나님을 기억하고 이해하고 사랑하는바 인간의 참된 지혜에 대해 설명한다. 그리고 바로 이 사실 속에서 인간의 정신이 하나님 형상임을 설명한다. 하지만 인간의 정신은 하나님을 완전히 보게 될 때에야 하나님의 완전한 형상이 될 것임을 설명한다. 제15권에서는 14권까지의 내용을 요약하고, 삼위일체의 흔적들과 하나님의 삼위일체 사이의 차이점들을 설명한다. 그리고 삼위일체를 완전히 보는 것은 우리에게 약속된 축복이지만 현재로는 거울 속을 보는 것 같이 희미하게 본다고 말한다.

4 아우구스티누스의 삼위일체론의 해설

아우구스티누스의 삼위일체론을 다룸에 있어서 무엇보다 먼저 지적해야 할 것은 아우구스티누스 자신이 삼위일체가 인간의 언어로는 설명하기 매우 어려운 주제임을 지적하고 있다는 사실이다. "하지만 무엇이 셋이냐고 질문을 받을 때 인간의 언어로는 대답하기가 크게 부족한 것이 사실이다. 그렇지만 '위격들'이라고 대답하게 된다. 이렇게 대답하는 것은 [완전히] 말하려고 해서가 아니라 [전적으로] 말하지 않은 채 있지 않기 위해서이다"[21]라고 아우구스티누스는 말한다.

아우구스티누스는 삼위일체론이 자기의 독특한 주장이 아니라 교회의 신앙임을 강조한다. 그는 "이것이 가톨릭 신앙이기 때문에 또한 나의 신앙이다"[22]라고 말한다. 아우구스티누스는 교회의 삼위일체론을 다음과 같이 요약한다.

> 내 전에 하나님이신 삼위일체에 관해 집필하여 내가 읽어 볼 수 있었던 모든 가톨릭 성서—신구약— 주석가들은 성서에 따라 이 교리를 이렇게 가르치고자 했다. 즉, 성부와 성자와 성령은 불가분적 동등성 속에 하나의 동일한 실체의 신적 통일성을 뜻한다. 그러므로 그들은

---

21 Augustine, *On the Trinity*, 5.9.10, NPNF 1, 3:92.
22 Ibid., 1.4.7, NPNF 1, 3:20.

세 하나님이 아니라 한 하나님이다. 하지만 성부가 성자를 낳아서 성부인 분은 성자가 아니며, 성자는 성부에 의해 태어나서 성자인 분은 성부가 아니며, 성령은 성부도 아니고 성자도 아니라 다만 성부와 성자의 영이지만 그 자신은 또한 성부와 성자와 동등하며 삼위일체의 동일성에 속한다. 하지만 이 삼위일체가 동정녀 마리아에게서 태어나고 본디오 빌라도 아래 십자가에 못 박히고 장사되고 사흘 만에 부활하고 하늘에 오른 것이 아니라 성자만이 그렇게 했다. 또한 이 삼위일체가 예수가 세례를 받을 때 비둘기의 형체로 내려온 것이 아니며 또한 주님의 승천 후 오순절 날에 "하늘로부터 급하고 강한 바람 같은 소리가 있을" 때 동일한 삼위일체가 "불의 혀같이 갈라지는 것이 보여 각 사람 위에 임한" 것이 아니라 다만 성령만이 그렇게 했다. 또한 이 삼위일체가 예수가 요한에게서 세례를 받을 때 혹은 세 제자가 산에서 예수와 함께 있을 때 혹은 소리가 나서 "내가 이미 영광스럽게 하였고 또다시 영광스럽게 하니라"고 말할 때 하늘로부터 말씀한 것이 아니었고 그것을 성자에게 말씀하신 성부만의 말씀이었다. 하지만 성부와 성자와 성령은 그들이 불가분적인 것처럼 불가분적으로 일한다.[23]

아우구스티누스는 이것이 교회의 신앙이기 때문에 자기도 믿지만 설명하기 어려운 문제임을 인정한다.

---

23 Ibid.

어떤 사람들은 성부가 하나님이고 성자가 하나님이고 성령이 하나님이지만 이 삼위일체는 세 하나님이 아니라 한 하나님이라는 것을 들을 때, 그들은 이 신앙 속에서 어려움을 발견한다. 특히 삼위일체는 하나님이 일하는 모든 것에 불가분적으로 일하지만, 성자의 목소리가 아닌 성부의 어떤 목소리가 말씀했으며, 성자 외에는 아무도 육체로 태어나고 고난을 당하고 부활하고 하늘에 올라가지 않았으며, 성령 외에는 아무도 비둘기의 형체로 내려오지 않았다고 할 때 이것을 어떻게 이해할 수 있는지 그들은 묻는다.[24]

한편 아우구스티누스는 삼위일체에 대해 자기 나름으로 이렇게 간단하게 설명한다.

이 문제에 대하여 성부·성자·성령은 한 하나님이며 전 피조물의 창조자와 통치자이며, 성부는 성자가 아니고 성령은 성부나 성자가 아니며, 그러나 위격들의 삼위는 상호 관련되어 있으며 동등한 본체의 통일성이라고 함을 믿습니다.[25]

아우구스티누스는 성부가 성자를 보냈기 때문에 성자가 성부보다 작지 않느냐는 반론에 대해 성자가 성부와 함께 성자를 보냈기

24 Ibid., 1.5.8, NPNF 1, 3:21.
25 Ibid., 9.1.1, NPNF 1, 3:125.

때문에 성부와 성자는 동등하다고 말한다. "성부가 말씀에 의해 그를 보냈기 때문에 그의 보냄은 성부와 그의 말씀의 일이었다. 그러므로 동일한 성자는 성부와 성자에 의해 보냄을 받았다. 왜냐하면 성자 자신이 하나님의 말씀이기 때문이다."[26] 또한 성부와 성자가 성령을 보냈기 때문에 성령은 성부, 성자보다 작지 않느냐 하는 반론에 대해 성령이 성부, 성자와 함께 성령을 보냈기 때문에 성령은 성부, 성자와 동등하다고 말한다.[27] 그래서 아우구스티누스는 성부 · 성자 · 성령의 관계를 이렇게 설명한다.

> 성부·성자·성령은 합쳐도 성부 홀로나 성자 홀로보다 더 큰 본질이 아니다. 이 세 실체 혹은 위격들—그들이 그렇게 불려야 한다면—은 합해도 각자와 동등하다.[28]

이렇게 아우구스티누스가 한 분 하나님을 강조한다고 해서 사벨리우스주의적 경향을 가지고 있다고 보는 것은 옳지 않다. 그는 명백히 사벨리우스주의를 비판했다.

> 사실상 성부는 성자가 아니고 성자는 성부가 아니고 하나님의 은사라

26 Ibid., 2.5.9, NPNF 1, 3:41.
27 Ibid., 4.21.32, NPNF 1, 3:86.
28 Ibid., 7.6.11, NPNF 1, 3:113.

고도 불리는 성령은 성부도 아니고 성자도 아니기 때문에 확실히 그들은 셋이다. 그래서 복수로 "나의 아버지는 하나이니라"(I and my Father are one)라고 말씀했다. 그는 사벨리우스주의자들이 말하는 것처럼 단수로 '하나이다'(is one)라고 말씀한 것이 아니라 복수로 '하나이다'(are one)라고 말씀했다.[29]

아우구스티누스는 『삼위일체론』의 후반부에서 삼위일체의 여러 흔적을 중심으로 삼위일체를 설명한다. 우선 그는 인간의 정신과 사랑과 인식을 삼위일체의 흔적으로 설명한다. "정신은 자체를 알지 않고는 자체를 사랑할 수 없다. 그것이 알지 못하는 것을 어떻게 사랑할 수 있는가?"[30] 하고 아우구스티누스는 반문한다. "그러므로 정신 자체, 그것에 대한 사랑, 그것에 대한 인식은 세 가지이며, 이 셋은 하나이다. 그들이 완전할 때 그들은 동등하다."[31] 나아가서 아우구스티누스는 "정신이 자체를 인식하고 자체를 사랑할 때 이 셋 속에는 삼위일체, 즉 정신, 사랑, 인식이 남아 있다. 이 삼위일체는 결합에 의해 혼합되지 않는다"[32]고 말한다. "사랑하는 정신은 사랑 '안에' 있고, 사랑은 사랑하는 그의 인식 '안에' 있고, 인식은 사랑하는 정신 '안에' 있다."[33] 그리고 이들 각각은

---

29 Ibid., 5.9.10, NPNF 1, 3:92.
30 Ibid., 9.3.3, NPNF 1, 3:127.
31 Ibid., 9.4.4, NPNF 1, 3:127.
32 Ibid., 9.5.8, NPNF 1, 3:128.

둘 속에 있기도 하다. "그 자체를 인식하고 사랑하는 정신은 그 자신의 사랑과 인식 속에 있으며", "그 자체를 사랑하고 인식하는 정신의 사랑은 정신과 그것의 인식 속에 있으며", "그 자체를 인식하고 사랑하는 정신의 인식은 정신과 그것이 사랑 속에 있는데, 그 까닭은 정신이 인식하는 그 자체를 사랑하고 사랑하는 그 자체를 인식하기 때문이다."[34] 그리고 이들 둘은 각각 하나 속에 있기도 하다. "자체를 인식하고 사랑하는 정신은 사랑 안에서 그 자신의 인식과 함께하며, 인식 안에서 그 자신의 사랑과 함께한다. 그리고 사랑 자체와 인식은 자체를 사랑하고 인식하는 정신 안에 함께한다."[35] 동시에 이 셋은 함께한다. "정신은 그 자체를 전체로 사랑하고, 그 자체를 전체로 인식하고, 그 자신의 사랑을 전체적으로 인식하고, 그 자신의 인식을 전체적으로 사랑한다."[36] "그러므로 이들 셋은 각자로부터 놀랍게 불가분리하며, 하지만 그들 각자는 개별적으로 실체이며, 모두 함께 한 본체 혹은 본질이며 그들은 상호 빈사(賓辭)가 된다."[37]

다음으로 아우구스티누스는 기억, 이해, 의지 속에 나타난 삼위일체의 흔적을 설명한다. "기억, 이해, 의지, 이들 셋은 세 삶이

33 Ibid., 9.5.8, NPNF 1, 3:129.

34 Ibid.

35 Ibid.

36 Ibid.

37 Ibid.

아니라 한 삶이며 세 정신이 아니라 한 정신이다. 분명히 그것들은 세 실체가 아니라 한 실체이다."[38] 이들은 셋이긴 하지만 상호 포함한다. "나는 내가 기억, 이해, 의지를 가지고 있음을 기억한다. 나는 내가 이해하고 의지하고 기억하는 것을 이해한다. 나는 의지하고 기억하고 이해하기를 의지한다."[39] 기억, 이해, 의지, 이 셋은 각각이 동등하며 하나가 셋과 동등하다. "나는 나의 전체 기억, 이해, 의지를 함께 기억한다."[40] "나의 의지도 나의 전체 이해와 나의 전체 기억을 포함한다."[41] 그러므로 전체는 각자에 의해 상호 포함되며 "전체로서의 각자는 전체로서의 각자와 동등하며 동시에 전체로서의 각자는 전체로서의 모두와 동등하다. 그리고 이들 셋은 하나이며, 한 삶이며, 한 정신이며, 한 본질이다."[42]

그 외에도 아우구스티누스는 보는 것에 있어서 삼위일체의 흔적을 설명한다. 첫째로 "우리가 보는 대상 자체이다." 다음으로 "보는 것 혹은 보는 행위이다." 셋째로 "보이는 대상에 눈의 감각을 유지하는 것", 즉 "마음의 집중이다."[43] 외적으로 보는 것만이 아니라 내적으로 보는 것에도 삼위일체의 흔적이 있다. "기억으로부터,

38 Ibid., 10.11.18, NPNF 1, 3:142.
39 Ibid.
40 Ibid.
41 Ibid., 10.11.18, NPNF 1, 3:143.
42 Ibid.
43 Ibid., 10.2.2, NPNF 1, 3:145.

내적 비전으로부터 그리고 그 둘을 결합시키려는 의지로부터 삼위일체가 산출된다."[44] 또한 사랑에 있어서도 삼위일체의 흔적이 있다. "셋이 있으니 사랑하는 자와 사랑을 받는 자와 사랑이다."[45] 아우구스티누스는 또 이렇게 설명한다. "사랑은 사랑하는 어떤 사람에게 '속하며' 사랑과 '함께' 어떤 것이 사랑'받는다'. 그래서 여기에 세 가지가 있다. 사랑하는 자, 사랑받는 자, 사랑. 그렇다면 사랑은 어떤 둘, 즉 사랑하는 자와 사랑받는 자를 결합하는 혹은 결합시키려 하는 어떤 삶이 아니고 무엇인가?"[46] 또한 아우구스티누스는 정신이 자체를 기억하고 이해하고 사랑하는 데서 정신의 삼위일체를 보며,[47] 또한 정신이 하나님을 기억하고 이해하고 사랑하는 데서 삼위일체를 본다.[48]

아우구스티누스는 이상과 같이 삼위일체의 흔적을 중심으로 삼위일체를 설명하고 나서 마지막 제15권에서는 이런 흔적이 하나님의 삼위일체를 설명하는 데 있어서 부적합한 점을 지적한다. 우선 그는 정신과 인식과 사랑과 하나님의 삼위일체의 관계에 대해서 이렇게 말한다.

---

44 Ibid., 10.3.6, NPNF 1, 3:147.
45 Ibid., 9.2.2, NPNF 1, 3:126.
46 Ibid., 8.10.14, NPNF 1, 3:124.
47 Ibid., 14.8.11, NPNF 1, 3:189.
48 Ibid., 14.12.15, NPNF 1, 3:191.

이들 셋이 인간 안에 있으나 이들 자체가 인간은 아니다. … 이것들이 인간 안에서 중요한 것들이지만 인간 자체가 아니다. … 우리가 인간은 정신과 몸으로 구성된 이성적 실체라고 정의한다면 인간은 몸이 아닌 영혼과 영혼이 아닌 몸을 가지고 있음이 틀림없다. 그래서 이들 세 가지 것들은 인간이 아니라 인간에 소속되거나 혹은 인간 안에 있다. 또한 우리가 몸을 제외시키고 영혼 자체만을 생각해도 정신은 다소 영혼에 소속된 것이다. … 정신이라 불리는 것은 영혼이 아니라 영혼 안에서 중요한 것이다. 그러나 우리가 삼위일체가 하나님께 소속되며 그 자체가 하나님이 아닌 그런 방식으로 하나님 안에 있다고 말할 수 있는가? … 삼위일체는 그 전체로서 하나님 외에 아무것도 아니며 그 전체로서 삼위일체 외에 아무것도 아니다. 또한 삼위일체에 소속되지 않은 것으로 하나님의 본성에 소속된 것은 아무것도 없다. 그리고 세 인격이 한 본질을 이룬 것이지 개체 인간이 한 인격인 것과는 같지 않다.[49]

또한 아우구스티누스는 기억, 이해, 의지와 하나님의 삼위일체 사이의 차이에 대해 이렇게 말한다.

우리는 기억에 의하지 않고는 정신의 아무것도 기억하지 못하며 이해에 의하지 않고는 어느 것도 이해하지 못하며 의지에 의하지 않고는

49 Ibid., 15.7.11, NPNF 1, 3:204f.

어느 것도 사랑하지 못한다. 그러나 누가 감히 삼위일체에 있어서 성부는 성자에 의하지 않고는 자신이나 성자와 성령을 이해하지 못하며 성령에 의하지 않고는 그들은 사랑하지 못하며 성부는 자신에 의해서만 자신이나 성자나 성령을 기억하며, 또한 같은 방식으로 성자는 성부에 의하지 않고는 자신이나 성부를 기억하지 못하며 성령의 의하지 않고는 그들은 사랑하지 못하며 자신에 의해서만 성부와 성자와 성령을 이해하며, 또한 같은 방식으로 성령은 성부에 의해서 성부와 성자와 자신을 기억하며 성자에 의해서 성부와 성자와 자신을 이해하며 자신에 의해서만 성부와 성자를 사랑한다고… 말할 수 있겠는가?[50]

이어서 아우구스티누스는 이렇게 말한다.

만약 성자만이 자신과 성부와 성령을 위해서 이해한다면 우리는 과거의 어리석은 주장, 즉 성부는 자신으로부터 지혜롭지 못하고 성자로부터 지혜로우며, 지혜가 지혜를 낳는 것이 아니고, 성부는 자기가 낳은 지혜에 의해 지혜롭다고 하는 주장으로 돌아가게 된다. 이해가 없는 곳에는 지혜가 있을 수 없다. 그래서 성부가 자신을 위해 자신을 이해하지 못하고 성자가 성부를 위해 이해한다면 확실히 성자가 성부를 지혜롭게 만드는 것이 된다.[51]

50 Ibid., 15.7.12, NPNF 1, 3:205.
51 Ibid.

그래서 아우구스티누스는 이렇게 결론을 내린다.

그러므로 성부 하나님은 자신의 지혜에 의해 지혜로우며, 성자는 성부이신 지혜로부터 나온 성부의 지혜이며… 그래서 성부는 자신의 이해에 의해 이해하며, 성자는 성부인 이해에서 출생한 성부의 이해이다. … 아무것도 기억하지 못하거나 자신을 기억하지 못하는 자가 어떻게 지혜롭겠는가?
따라서 성부가 지혜이고 성자가 지혜이기 때문에 성부가 자신을 기억하듯이 성자는 자신을 기억한다. 그리고 성부가 성자의 기억에 의해서가 아니라 자신의 기억에 의해서 자신과 성자를 기억하듯이 성자는 성부의 기억에 의해서가 아니라 자신의 기억에 의해서 자신과 성부를 기억한다. 또한 사랑이 없는 곳에 지혜가 있다고 누가 말하겠는가? 그래서 우리는 성부는 자신의 이해와 기억이듯이 자신의 사랑이라고 추론한다. 그러므로 이들 세 가지, 즉 기억, 이해, 사랑이나 의지는 하나님이신 최고의 불변적 본질에 있어서 성부·성자·성령이 아니라 성부만임을 우리는 본다. 그리고 성자 역시 지혜로부터 나신 지혜이기 때문에 성부나 성령이 그를 위해 이해하는 것이 아니라 그는 자신을 위해서 이해한다. 또한 성부가 그를 위해 기억하거나 성령이 그를 위해 사랑하는 것이 아니라 그는 자신을 위해 기억하고 사랑한다. 왜냐하면 그는 스스로 그 자신의 기억이며, 그 자신의 이해이며, 그 자신의 사랑이기 때문이다. … 그리고 성령도 지혜로부터 나온 지혜이기 때문에 그도 기억을 위해서 성부를, 이해를 위해서 성자를, 사랑을 위해서 자신을 가지는 것이 아니다. 다른 분이 자기를 위해 기억하고 다른 분이 자기를 위해 이해하고 그는 단지 자기를 위해 사랑만 한다면 그는 지혜가 아닐 것이다. 그러나 그 자신이 세 가지 모두를 가지고 있으며 그것들이 바로 자신인 것으로 그들을 가지고 있다.[52]

또한 아우구스티누스는 기억, 이해, 사랑과 하나님의 삼위일체 사이의 차이에 대해 이렇게 설명한다.

이 세 가지 것들 모두에 있어서 기억하고 이해하고 사랑하는 나는 기억이나 이해나 사랑이 아니며 그것들을 소유하고 있다. 단 한 인격이 이들 셋을 소유하고 있지 그 인격이 이들 셋은 아니다. 그러나 하나님이신 최고의 본성의 단순성에 있어서는 한 하나님이 계시지만, 성부 · 성자 · 성령, 세 인격이 있다.[53]

또한 성부와 성자와 성령은 동등하나 인간의 현재 상태에 있어서는 기억과 이해와 사랑이 동등하지 못하다고 한다. "한 인간 안에 있어서 기억이 이해보다 큰 경우도 있다. 다른 사람의 경우에는 정반대일 때도 있다. 또 다른 사람의 경우에는 이들 둘이 사랑의 크기보다 뒤질 경우도 있다."[54]

---

52 Ibid.

53 Ibid., 15.22.42, NPNF 1, 3:222.

아우구스티누스에 의하면 이처럼 정신 속에 있는 삼위일체 하나님의 이미지는 현재로는 불완전하지만, 축복 속에 하나님의 모양이 완성될 때까지 날로 새로워진다고 한다. "하나님에 대한 인식 속에서 그리고 의와 참된 거룩함 속에서 진보함으로써 날마다 새로워지는 자는 일시적인 것들로부터 영원한 것들로, 가시적인 것들로부터 영적인 것들로 그의 사랑을 옮기며 전자에 대한 욕망을 제어하고 감소시키고 자신을 후자에 대한 사랑으로 묶는 일을 부지런히 지속한다."[55] 그런데 이런 변화는 점진적으로 일어난다. 마치 열병에 걸렸던 사람이 순간적으로 열이 떠나갔으나 원기를 회복하는 것은 점진적으로 되듯이, 몸에 박힌 무기를 빼내는 것은 순간적으로 되지만 무기를 빼내고 난 뒤 상처가 차차 회복되듯이 회개나 세례에 의한 사죄는 순간적으로 일어나지만, 하나님의 이미지를 완전히 회복하는 것은 점진적으로 일어난다.[56] 완성은 생의 끝에 일어나며 불멸의 육체는 세상의 끝에 받게 된다.[57] "하나님을 보는 것이 완성될 때 하나님의 모습이 이 이미지 안에 완성될 것이다."[58] 하나님에 대한 기억과 이해와 사랑이 성숙할 때 우리 이웃에 대한 사랑도 성숙할 것이다. "정신이 하나님을 사랑할 때

---

54 Ibid., 15.23.43, NPNF 1, 3:222.

55 Ibid., 15.17.23, NPNF 1, 3:196.

56 Ibid.

57 Ibid.

58 Ibid.

그리고 그 결과로… 하나님을 기억하고 이해할 때, 또한 이웃을 그 자신처럼 사랑하도록 명령을 받는다"[59]고 아우구스티누스는 말한다. "'하나님은 사랑이기' 때문에 사랑을 사랑하는 자는 확실히 하나님을 사랑하며",[60] "우리가 사랑으로부터 우리의 형제를 사랑할 때 우리는 하나님으로부터 우리의 형제를 사랑한다."[61] 또 아우구스티누스는 이렇게 말한다. "우리는 동일한 사랑으로부터 하나님과 우리 이웃을 사랑한다. 그러나 우리는 하나님을 위해 하나님을 사랑하고 하나님을 위해 우리 자신과 우리 이웃을 사랑한다."[62]

아우구스티누스는 『삼위일체론』의 마지막 부분에 가서 성자의 출생과 성령의 발출에 대해 설명한다. 우선 그는 성자의 출생과 성령의 발출은 영원한 것임을 주장하며 성령은 성부와 성자로부터 발출했다고 주장한다. "그러므로 성부로부터 성자의 출생을 시간 밖에서 이해할 수 있는 사람은 둘로부터 성령의 발출도 시간 밖에서 이해할 것이다."[63] 또 아우구스티누스는 성자의 출생과 성령의 발출을 이렇게 구별하여 설명한다. "성자는 성부에게서 출생한다. 성령은 주로 성부로부터 발출되는데 성부가 시간의 간격 없이 [성부와 성자] 두 분으로부터 공동적으로 발출시킨다. 만약 두 분이

59 Ibid., 14.14.18, NPNF 1, 3:193.

60 Ibid., 8.8.12, NPNF 1, 3:123.

61 Ibid.

62 Ibid., 8.8.12, NPNF 1, 3:124.

63 Ibid., 15.26.47, NPNF 1, 3:225.

성령을 낳았다면—모든 건전한 정신의 느낌에 거리낌이 되는 일이다— 성령은 성부와 성자의 아들이라 불릴 것이다. 그러므로 두 분의 영은 두 분에게서 출생하는 것이 아니라 발출한다."[64]

5. 결언

우리는 지금까지 아우구스티누스의 저서 『삼위일체론』을 중심으로 그의 삼위일체론을 고찰해 보았다. 삼위일체론은 기독교 교리 발전의 절정이었고 아우구스티누스의 삼위일체론은 삼위일체론의 발전의 절정이었다. 실로 그의 삼위일체론은 기독교 교리 중의 교리라고 할 수 있다.

아우구스티누스는 이 저서에서 그 전의 삼위일체론이 가지고 있던 종속론적 경향과 삼신론적 경향을 말끔히 정리했다. 그는 전통적 삼위일체론을 더없이 명확하게 규정하고 그 삼위일체론을 이해하기 위해 삼위일체의 흔적을 찾기 시작했다. 그는 수많은 삼위일체의 흔적 중에 인간의 정신에 나타난 삼위일체의 흔적을 소중하게 생각했으며, 그 흔적에 따라 삼위일체를 설명하려고 노력했다. 그는 정신의 세 기능인 기억, 이해, 의지가 삼위일체를 설명하는 데 좋은 이미지가 됨을 인정하면서도 아울러 그 설명이 교회의

64 Ibid.

삼위일체론적 이해와는 다른 점이 많음을 지적했다. 기억, 이해, 의지는 상호 독립된 역할들을 가지고 있으나 삼위일체는 상호 관련되어 있다. 기억, 이해, 의지는 정신의 기능이고 정신은 인간의 한 부분이나 성부 · 성자 · 성령은 하나님의 한 부분이 아니라 하나님 자신이며, 정신은 한 인격의 정신이나 성부 · 성자 · 성령은 세 인격이 한 하나님임을 지적했다.

아우구스티누스는 삼위일체의 흔적인 정신의 삼위일체를 설명함으로써 기억, 이해, 사랑이 본래의 삼위일체의 이미지를 회복함으로 하나님을 완전히 이해하고 사랑할 수 있음을 지적하였다. 그리고 그 이해와 사랑으로 이웃을 사랑할 수 있다고 함으로써 삼위일체론이 그리스도인의 경건에 관련을 갖게 했다. 실로 아우구스티누스의 삼위일체론은 교리 중의 교리이며, 그리스도인의 신앙과 경건한 삶의 지표라고 할 수 있을 것이다.

4장
그리스도론

1. 서언

아우구스티누스의 그리스도론은 연구자들의 큰 관심을 끌지 못하였다. 우선 아우구스티누스 당시에 그리스도론이 중요한 문제가 아니었기 때문에 아우구스티누스가 죄와 은총이나 교회와 성례에 관해 많은 저작들을 쓴 것과는 달리 그리스도에 관해서는 많은 저작을 쓰지 않았다. 또한 삼위일체론은 아우구스티누스 이전에 활발한 논쟁이 있었으므로 아우구스티누스는 그 논쟁을 집대성하는 저서를 쓸 필요를 느꼈으나, 그리스도론은 아우구스티누스 이후에 활발한 논쟁이 전개되었으므로 아우구스티누스는 방대한 그리스도론을 구상하지 않았다. 그러나 아우구스티누스 관련 저작들을 살펴보면 아우구스티누스의 그리스도론을 두고 매우 상이한 해석들이 있음을 알 수 있다. 특별히 소위 '전통주의자들'(traditionalists)

과 '수정주의자들'(revisionists)의 아우구스티누스 해석이 상이하다.[1] 전통주의적 해석을 대표하는 학자는 포르탈리에(Eugène Portalié)이며, 수정주의적 해석을 대표하는 학자는 하르낙(Adolf Harnack)이다. 본고에서는 이런 논쟁점들을 다루면서 아우구스티누스의 그리스도론을 정리하려고 한다.

그리스도의 인격의 문제에 관하여 아우구스티누스가 그리스도의 신성에 집중하였는가 아니면 인성에 집중하였는가 하는 것은 학자들 사이에 논쟁되는 문제이며, 본고에서 다룰 문제 중 하나이다. 또한 아우구스티누스에게 있어서 그리스도의 신성과 인성은 어떤 관계에 있었으며, 그리스도의 인격과 본성은 어떤 관계에 있었는가 하는 것이 본고에서 다룰 문제 중 하나이다.

그리스도의 사업에 관하여 아우구스티누스에게 보상이라는 관념이 있는가, 형벌 대상이라는 관념이 있는가, 속전이라는 관념이 있는가. 이런 것들이 본고에서 다룰 문제들이다. 그리고 도덕 감화라는 관념이 있는가, 있다면 아우구스티누스에게 있어서 중심적인 역할을 하고 있는가 하는 문제도 논쟁되어 온 문제이며, 여기서 다룰 문제 중 하나이다.

---

1 Cf. William Mallard, "Jesus Christ," *Augustine through the Ages: An Encyclopedia*, ed. Allan D. Fitzgerald, O. S. A. (Grand Rapids, Michigan: William B. Eerdmans Publishing Company, 1999), 463-470.

2. 그리스도의 인격

아우구스티누스의 강조점이 그리스도의 신성에 있었는가 아니면 인성에 있었는가 하는 것은 논쟁되는 문제 중 하나이다. 하르낙은 아우구스티누스가 그리스도의 인성을 강조하였다고 주장하였다. 하르낙은 "그의 가장 깊은 관심은 예수의 인간적 영혼에 집중되어 있다"라고 말하였다.[2] 또한 하르낙은 "아우구스티누스는 그 신-인의 구성을 인간적 본성(영혼)으로부터 출발한다"고 말하였다.[3] 이어서 하르낙은 "그 인간적 본성이 그 말씀을 그 영 속으로 받아들였다. 또한 그 인간적 영혼이 중개자로 활동하였기 때문에 그 인간적 영혼이 그 신-인의 중심이었다"고 말하였다.[4] 또한 하르낙은 아우구스티누스가 겸손을 강조하였다고 말하면서 "또한 우리는 이제 아우구스티누스가 그리스도 안에 있는 인간적 요소(homo)에 큰 가치를 부여한 이유를 이해한다"고 말하였다.[5]

하르낙의 이런 주장에 대해 제에베르크(Reinhold Seeberg)는 강하게 비판하였다. "자료들은 A. 도르너(…)와 하르낙(…)의 견해를 지지하지 않으며… 또한 자료들은 후자가 '아우구스티누스는

2 Adolf Harnack, *History of Dogma*, 7 vols., trans. Neil Buchanan (Gloucester, Mass.: Peter Smith, 1976), 5:128.

3 Ibid., 129.

4 Ibid., 129.

5 Ibid., 132.

그 신-인을 인간적 인격(영혼)의 관점으로부터 구성한다'고 주장한 것이나, 또는 아우구스티누스의 주된 관심은 예수의 인간적 영혼에 집중된다고 주장하는 것을 정당화해 주지 않는다."[6]

아우틀러(Albert C. Outler)도 하르낙과 달리 아우구스티누스에게서 그리스도의 인간적 면이 약화되었다고 말하였다. 아우틀러는 이렇게 말하였다. "아우구스티누스는 화육에 있어서 신적 인격(Divine Person)이 전체 인간적 본성(a whole human nature)을 취하였거나 자기 자신에 결합시켰으나 그로 인하여 인간적 '인격'(a human 'person')이 된 것은 아니라는 주장을 결코 바꾸지 않았다."[7] 또한 아우틀러는 이렇게 말하였다. "복음서들에 나오는 그 중심인물에 대한 이러한 해석의 실제적 결과는 아우구스티누스가 조금도 흔들림 없이 예수 그리스도의 실제적이고 현실적인 인간적 본성과 역사적 활동을 주장하지만 동시에 그 인간적 본성과 그 역사적 활동에 대한 자신의 강조를 약화시키는 경향이 있는 점이다. '신적 인격'(Divine Person)이 '인간적 본성'(human nature)을 효과적으로 가리게 된다. 복음서들이나 초기 기독교에서는 그렇지 않았다".[8]

---

6 Reinhold Seeberg, *Textbook of the History of Doctrines*, 2 vols., trans. Charles E. Hay (Grand Rapids, Michigan: Baker Book House, 1977), 1:258.

7 Albert C. Outler, "The Person and Work of Christ," *A Companion to the Study of St. Augustine*, ed. Roy W. Battenhouse (Grand Rapids, Michigan: Baker Book House, 1979), 352.

8 Ibid., 353. 아우구스티누스에 대한 아우틀러의 이런 비판은 타당한 면이 없지 않으나, 그러나 그리스도의 인간적 인격(human person)을 주장한다고 하면 그리스도는 두 인격

댈리(Brian E. Daley, S. J.)도 그리스도에게 있어서는 말씀의 신적 인격이 "소유주"이었다고 말하였다. "그리스도의 실제적, 인격적 통일성은 사실상 말씀의 신적 인격이 예수의 영혼과 몸의 '소유주' 이고 '참된 생명'이라고 하는 사실에 기인한다."[9]

아우구스티누스에게 있어서 후대에 루터파에서 칼빈파에게 'extra Calvinisticum'이라고 별명을 붙여 준 사상이 나타난다는 점에서 하르낙의 주장은 설득력이 약한 것 같다. 아우구스티누스는 이렇게 말하였다. "기독교 교리는 신성이 동정녀에게서 태어날 때 인간의 본성과 혼합되어 우주에 대한 통치를 포기하였거나, 또는 상실하였거나 혹은 작고 제한된 물질적 실체인 저 육체에 이양하였다고 주장하는 것은 아니다."[10] 또한 아우구스티누스는 이렇게 말하였다. "그가 우리를 떠났으나, 보라! 그가 여기에 있다. 그는 우리와 오랫동안 있을 수 없었으나 그는 우리를 결코 떠나지 않았다. 그는 그가 결코 떠난 일이 없는 그곳으로 돌아갔다."[11]

(two persons)을 가지는 것이 될 것이다. 그래서 아우구스티누스는 한 편지에서 이렇게 말하였다. "For by His assumption of the soul and body of a man, no increase was made in the number of Persons: the Trinity remained as before." *Letters*, 169.2.8, NPNF 1, 1:541. 아우구스티누스의 생각에는 인간적 인격도 주장하면 Trinity가 아니라 quaternity가 되기 때문에 있을 수 없는 일이었다고 할 수 있다.

9 Brian E. Daley, S. J., "Christology," *Augustine through the Ages: An Encyclopedia*, 167.

10 *Letters*, 137,2,4, NPNF 1, 1:474.

11 *Confessions*, 4.12.19, LCC 7:87. "... He went back to the place that he had never left, ..."

종교개혁자 칼빈은 아우구스티누스처럼 이렇게 말하였다. "놀랍게도 하나님의 아들은 하늘을 떠나지 않고 하늘에서부터 내려왔으며, 놀랍게도 기꺼이 동정녀의 태에서 태어났으며, 지상에서 살았으며, 십자가에 달렸다. 하지만 그는 태초부터 행하던 대로 항상 세계를 채우셨다."[12] 요컨대 성자가 하늘을 떠나지 않고 인간성을 입었다고 하는 이 주장을 볼 때 하르낙의 주장은 설득력이 약하다고 하겠다. 아우구스티누스는 "인간 그리스도 안에 있는 인간적 본성이… 하나님의 유일한 아들의 인격의 통일성 안으로 취해졌다"고 말하였다.[13] 아우구스티누스는 "그리스도는 하나님의 불가시적 형상으로 남아 있으면서 그의 인격의 통일성 속으로 인간의 가시적 형상을 입었다"[14]고 명료하게 말하였다. 또한 아우구스티누스는 인간의 본성이 "지혜(말씀)의 인격을 가지고 있다"고 말하기도 하였으며, "우리는 하나님의 아들이 그가 연합된 인간성 안에서 고난과 죽임을 받았다고 말한다"라고 말하기도 하였다.[15]

그러면서 아우구스티누스는 항상 그리스도의 양성을 지키려고 노력하였다. "전체 그리스도는 참된 인간이고 참된 하나님, 하나님

---

12 Inst., 2.13.4, LCC 20:481.

13 *Enchiridion*, 11.36, LCC 7:361.

14 *Contra Maximinum Arianorum episcopum*, 1.19, quoted in Eugène Portalié, *A Guide to the Thought of Saint Augustine*, trans. Ralph J. Bastian, S. J. (Westport, Connecticut: Greenwood Press, Publishers, 1975), 157.

15 *De Agone Christiano*, 23.25, OSA 12:451. "Filium Dei passum et mortuum dicimus in homine quem portabat."

과 인간이다. 이것이 가톨릭 신앙이다. 그리스도가 하나님임을 부정하는 사람은 포티누스주의자이다. 그리스도가 인간임을 부정하는 자는 마니교도이다. 그리스도가 성부와 동등한 하나님이며 참된 인간이라고 고백하는 자는… 가톨릭이다."[16]

아우구스티누스는 『그리스도인의 분투』에서 그리스도의 참된 몸을 부정하는 가현론자들,[17] 그리스도에게 영혼이 없었다고 하는 엄격한 아폴리나리우스주의자들,[18] 그리스도가 생명의 원리인 영혼은 가지고 있었으나 그 영혼은 오성이 없는 영혼이었다고 주장하는 온건한 아폴리나리우스주의자들을 하나씩 반박하였다. 온건한 아폴리나리우스주의자들에 대해서 아우구스티누스는 "그들은 그리스도가 인간의 최고 부분을 가지고 있었다는 사실을 부정한다"[19]고 비판하였다. 또한 아우구스티누스는 『신앙과 신조』에서 "신적 지혜가 우리가 가축과 공통적으로 가지고 있는 우리 본성의 부분은 가졌지만, 지혜의 빛에 의해 조명을 받는 부분, 즉 인간의 특징적인 부분을 가지지 않았다고 믿는 것을 어떻게 제정신이라 할 수 있겠는

16 *Sermons*, 92.3, NPNF 1, 6:401.

17 *De Agone Christiano*, 18.20, OSA 12:444. "Nec eos audiamus, qui non verum hominem suscepisse dicunt Filium Dei, neque natum esse de femina, sed falsam carnem et imaginem simulatam corporis humani ostendisse videntibus."

18 Ibid., 21.23, OSA 12:448. "negant illum hominem vel animam vel aliquid hominis habuisse, nisi carnem solam."

19 Ibid., 19.21, OSA 12:445. "hoc eum negant habuisse quod est optimum in homine."

가?" 하고 그들을 비판하였다.[20]

아우구스티누스는 그리스도의 신성과 인성의 연합에 대해 한 인격 안에 두 본성의 연합이라고 하는 전통적 입장을 가졌다. "그리스도 안에 두 실체, 즉 하나님과 인간이 있으나 한 인격이 있다. 삼위일체로 남아 있으며, 인간적 본성이 첨가됨으로써 사위일체가 되는 것은 아니다."[21] 그는 또 이렇게 말하였다. "그는 하나님과 인간들 사이의 중보자로 나타나서 한 인격 안에 두 본성을 연합함으로써 평범한 것을 특별한 것에 의해 고양하였다."[22] "하나님이 우리의 본성, 즉 인간 그리스도의 이성적 영혼과 몸을 입었다… 그래서 그와 말씀이… 한 인격이다."[23]

아우구스티누스는 동시에 본성들의 구별을 주장하였다. 그는 이렇게 말하였다. "저 입음에 의해 한 본성이 다른 본성으로 전환되거나 변화되지 않는다. 신성이 피조물로 변화되어 신성이기를 중지하는 것도 아니며 피조물이 신성으로 변화되어 피조물이기를 중지하는 것도 아니다."[24] 말씀의 신성은 변화를 입지 않았다. "저 영원성이 변화된 것이 아니라 인간의 가변적 눈에는 그의 불변의 위엄과 함께 가변적 피조물을 입은 것으로 보였다."[25] 아우구스티누스에게

---

20 *Faith and the Creed*, 4.8, LCC 6:358.

21 *Sermons*, 130.3, NPNF 1, 6:499.

22 *Letters*, 137.3.9, NPNF 1, 1:477.

23 *On Rebuke and Grace*, 11.30, NPNF 1, 5:484.

24 *On the Trinity*, 1.7.14, NPNF 1, 3:24.

kenosis나 krypsis 사상이 있는가 하는 것은 논쟁되는 문제이지만, 아우구스티누스는 이렇게 분명히 말하였다. "그가 어떻게 '자신을 비웠는가'? 그가 아니었던 것을 취함으로이지 그가 있었던 것을 잃음으로가 아니다. … 그는 하나님이었지만 인간으로 보였다."[26] 또한 그는 이렇게 말하였다. "그는 종의 형상을 취함으로써 자신을 비웠다. 하지만 하나님의 형상을 잃거나 감소한 것은 아니었다."[27]

아우구스티누스는 『요한복음서 강의』에서 그리스도의 인격, 신성, 영혼 및 몸에 관하여 이렇게 자세히 설명하였다.

> 그리스도의 이중적 실체를 인정하자. 즉, 신성과 인성인데, 신성에 있어서는 그가 성부와 동등하지만, 인성과 관련해서는 성부가 더 위대하다. 하지만 양자는 둘이 아니다. 그리스도는 하나이기 때문이다. 하나님은 사위일체가 아니라 삼위일체이다. 이성적 영혼과 육체가 한 사람을 형성하고 있듯이 하나님이자 사람인 그리스도도 하나이다. 그래서 그리스도는 하나님이며 이성적 영혼이며 육체이다. 이 모든 면에서 우리는 그를 그리스도라고 고백하며, 그 각각의 면에서 그를 고백한다. 그러면 세상을 창조한 그가 누구인가? 그리스도 예수이지만, 하나님의 형상으로서이다. 본디오 빌라도 아래서 십자가에 못 박힌

25 *De Agone Christiano*, 10.11, OSA 12:436.

26 *Sermons*, 92.2, NPNF 1, 6:401.

27 *Enchiridion*, 10.35, LCC 7:361.

이는 누구인가? 그리스도 예수이지만, 종의 형상으로서이다. 인간으로서의 그를 구성하고 있는 몇몇 부분들에 있어서도 마찬가지이다. 지옥에 남겨지지 않은 그는 누구인가? 그리스도 예수이지만, 그러나 오직 그의 영혼과 관련해서만 그러하다. 무덤에 둔 지 사흘 만에 일어난 이는 누구인가? 그리스도 예수이지만, 그러나 단지 그의 육체와 관련해서만 그러하다. 그래서 이들의 각각의 점과 관련하여 그는 똑같이 그리스도로 불린다. 하지만 그들 모두가 두 그리스도 혹은 세 그리스도가 아니라 한 그리스도이다.[28]

그런데 인간 본성은 피조된 본성으로, 공간과 시간과 활동에 있어서 제한된 것으로 남아 있다. 그래서 아우구스티누스는 "아버지는 나보다 크니라"라는 말씀은 그리스도의 인간성에 적용되는 것으로 본다.[29] 쉐엘(O. Scheel)은 아우구스티누스가 『아리우스주의 설교 반박』에서 인간성에 전능성을 돌렸다고 주장한다.[30] 그러나 포르탈리에에 의하면 사실상 그것은 최후의 날 심판의 권능만을 다루고, 심지어 거기서도 인간으로서의 그리스도의 선재성을 배제한다.[31] "왜냐하면 그는 시간 안에서 존재하기 시작했기 때문이다."

---

28 *Homilies on the Gospel of John*, 78,3, NPNF 1, 7:341.

29 *Enchiridion*, 10.35, LCC 7:361.

30 O. Scheel, *Die Anschauung Augustins über Christi Person und Werk* (Leipzig: 1901), 266-267, quoted in Portalié, *A Guide to the Thought of Saint Augustine*, 158.

아우구스티누스에 의하면, 말씀은 인간의 본성에 따라서는 육체의 연약성들을 가지고 있다. 그러나 그 육체의 연약성들은 죄를 포함하지는 않는다. 그리스도는 우리와 마찬가지로 고통받고 죽을 수 있는 존재이었다.[32] 다른 한편, 말씀과 인격적 연합을 이룩함으로써 그리스도의 인간성에 괄목할 만한 특전들이 부여되었다. 그리스도는 욕망 없이 잉태되었기 때문에 원죄의 모든 오점에서 벗어났다.[33] 그리스도는 절대적 거룩함을 가졌는데, 그것으로 인해 모든 인격적 결함에서 벗어났다. "그는 의지의 자유 선택으로 말미암아 죄를 지을까… 두려워할 필요가 없었다. 왜냐하면… 하나님에 의해 입은 인간의 본성은 그 자체 안에 악한 의지의 어떤 움직임도 인정하지 않을 것이기 때문이다."[34] 그래서 포르탈리에는 도르너(A. Dorner)에게 묻는다. "이 본문을 인용하는 도르너가 어떻게 저 거룩한 박사가 그리스도 안에서의 의지의 자유를 부정한다고

---

31 Portalié, ibid., 158.

32 *On the Merits and Remission of Sins, and on the Baptism of Infants*, 2.29.48, NPNF 1, 5:64.

33 *Enchiridion*, 10.34, LCC 7:360. "But it was a nature entirely free from the bonds of all sin. It was not a nature born of both sexes with fleshly desires, with the burden of sin, the guilt of which is washed away in regeneration. Instead, it was the kind of nature that would be fittingly born of a virgin, conceived by His mother's faith and not her fleshly desires." 또한 13.41, LCC 7:365. "Since he was begotten and conceived in no pleasure of carnal appetite — and therefore bore no trace of original sin... ."

34 *On Rebuke and Grace*, 11.30, NPNF 1, 5:484.

결론을 내릴 수 있었는가?"[35] 아우구스티누스는 이렇게 말하였다. "그는 육체의 생명을 의사에 반해서 버린 것이 아니라 그가 원했기 때문에, 그가 원했을 때, 그가 원한대로 버렸다."[36] 또한 그리스도는 지적 삶에 있어서 우리처럼 지식의 결핍이 없었다. 그는 유아기에도 그 시기에 당연한 의식의 결핍이 없었다.[37] 그의 감각적 삶에 있어서 그의 인간의 감정은 그의 의지의 지배에 놀라울 정도로 복종했으며, 그래서 고통의 때에도 "정신의 약함 안에서가 아니라 그의 능력의 충만함 속에 있었음을 의심할 수 없다."[38]

아우구스티누스가 그리스도의 연합의 영구성을 부정하였는가 하는 것은 학자들 사이에 논쟁되는 문제이다. 도르너[39]와 쉐엘[40]에 의하면 아우구스티누스는 화육이 최후의 심판으로 끝난다고 생각하였다. 그들의 근거는 삼위일체론에 나오는 다음의 구절이다. "일단 그가 하나님, 즉 성부에게 그 왕국을 넘겨주면 그는 더 이상

---

35 A. Dorner, *Augustinus, seine theologische System und seine religionsphilosophische Anschauung* (Berlin: 1873), 103, quoted in Portalié, *A Guide to the Thought of Saint Augustine*, 155.

36 *On the Trinity*, 4.13.16, NPNF 1, 3:77.

37 *On the Merits and Remission of Sins, and on the Baptism of Infants*, 2.29.48, NPNF 1, 5:63-64.

38 *Homilies on the Gospel of John*, 60.5, NPNF 1, 7:310.

39 Dorner, *Augustinus*, 101, quoted in Portalié, *A Guide to the Thought of Saint Augustine*, 159.

40 Scheel, *Anschauung Augustins*, 268, quoted in Portalié, *A Guide to the Thought of Saint Augustine*, 159.

우리를 위해 중보하지 않을 것이다."[41] 그러나 바로 직전에서 아우구스티누스는 그때 인성이 신성 속에 흡수될 것이라고 하는 어떤 사람들의 견해를 반박한다.[42] 아우구스티누스는 첨언한다. "그리스도가 그의 왕국을 하나님, 즉 성부에게 넘겨주는 것이 그가 그것을 자신에게서 빼앗는 식으로 할 것이라고 생각하지 말자."[43]

하르낙은 아우구스티누스가 말씀과 그리스도의 도덕적 연합을 가르쳤다고 주장하였다. 그러나 아우구스티누스는 이렇게 말하였다. "하나님의 아들 예수 그리스도를 단순히 한 인간이라고 말하며, 그가 의로우므로 하나님의 아들이라 불릴 자격이 있다고 말하는 자들의 말을 듣지 말자."[44] 다른 거룩한 사람들은 지혜의 선물을 받는다. 그리스도는 말씀의 인격 자체를 받았다. "하나님과 인간들 사이의 저 하나의 중보자인 인간 그리스도 예수는 지혜 자체이며… [지혜의] 유익을 가질 뿐만 아니라 [지혜의] 인격을 지닌다."[45]

아우구스티누스에게는 속성의 교류(*communicatio idiomatum*)라는 사상이 나타난다. "복된 사도는 그리스도의 인격의 일치가 신성과 인성 각 본성을 매우 꽉 구성하고 있으므로 하나의 용어를 다른 용어에 적용할 수 있다고, 즉 신성을 인성에, 인성을 신성에

---

41 *On the Trinity*, 1.10.21, NPNF 1, 3:29.

42 *On the Trinity*, 1.8.15, NPNF 1, 3:25.

43 *On the Trinity*, 1.8.16, NPNF 1, 3:25.

44 *De Agone Christiano*, 17.19, OSA 12:443-444.

45 Ibid., 20.22, OSA 12:447.

적용할 수 있음을 보여 준다."[46] 아우구스티누스는 다음과 같이 인간 언어의 한 예를 들면서 "하나님이 십자가에 달렸다"라고 말할 수 있다고 한다.

> 예컨대 철학자라는 이름이 확실히 그의 영혼에 관련해서만 사용되지만, 우리가 그 철학자가 살해되었다, 그 철학자가 죽었다, 그 철학자가 매장되었다고 말하는 것—이 모든 사건이 그의 몸에 일어났으며 그가 철학하는 그의 부분에 일어난 것이 아니지만—이 전혀 부당하지 않고 매우 적절하고 일상적인 언어의 용례이듯이, 이와 마찬가지로 하나님이나 하나님의 아들이나 영광의 주님과 같은 이름이나 혹은 그와 같은 다른 이름이 말씀이신 그리스도에게 사용되지만—그가 인간적 본성 안에서 죽음의 고난을 당하였지, 영광의 주님으로서 당한 것이 아닌 것이 의문의 여지가 없지만— 하나님이 십자가에 달렸다고 말하는 것이 옳다.[47]

또한 그는 "생명이며 불멸적인 분이 십자가에서 죽었다"고 말하였다.[48]

---

46 *Contra Sermonem Quemdam Arianorum*, 8.6, quoted in Portalié, *A Guide to the Thought of Saint Augustine*, 159.

47 *Letters*, 169.2.8, NPNF 1, 1:541.

48 *Sermons*, 214.7, quoted in Portalié, *A Guide to the Thought of Saint Augustine*, 159.

그러나 아우구스티누스는 전술한 바와 같이 인성과 신성의 혼합 사상은 비판하였다. 아우구스티누스는 "동일한 인격이 하나님이며 인간이다… . 본성의 혼합을 통해서가 아니라 인격의 통일성 안에서이다"라고 말하였다.[49] 또한 그는 이렇게 말하였다. "인간이 하나님에게 접근하여 한 인격이 된다. 그래서 마치 이 인격이 부분적으로 하나님이고 부분적으로 인간인 양 되어서 반신이 된 것이 아니라 완전한 하나님이고 완전한 인간이다."[50] 그러나 아우구스티누스가 혼합이라는 표현을 쓰기도 하였다. 아우구스티누스는 『삼위일체론』에서 이렇게 말하였다. "인간이 하나님의 말씀과 연합되어, 어떤 의미에서 혼합되어 한 인격이 된다."[51] 또한 아우구스티누스는 이렇게 말하였다. "인격의 통일성 안에서 영혼이 몸과 연합되어 인간이 되듯이, 인격의 통일성 안에서 하나님이 인간과 연합되어 그리스도가 된다. 그러므로 전자의 인격 안에서 영혼과 육체의 혼합이 있다. 후자의 인격 안에서는 하나님과 인간의 혼합이 있다."[52] 그러나 혼합이라는 표현은 포르탈리에의 해석처럼 인성과

---

49 *Sermons*, 186.1, quoted in Portalié, *A Guide to the Thought of Saint Augustine*, 160.

50 *Sermons*, 293.7, OSA 7:766. "accedit homo Deo, et fit una persona, ut sit non semideus, quasi parte Dei Deus, et parte hominus homo; sed totus Deus et totus homo..."

51 *On the Trinity*, 4.20.30, NPNF 1, 3:85.

52 *Letters*, 137.3.11, OSA 8:945. "Nam sicut in unitate pesonae anima unitur corpori, ut homo sit; ita in unitate personae Deus unitur homini, ut Christus sit. In illa ergo persona mixtura est animae et corporis; in hac persona mixtura est Dei

신성의 혼합을 가리키는 것이 아니라 신적 인격과 인간적 본성의 친밀한 연합을 가리킨다고 해석할 수 있을 것이다.[53]

3. 그리스도의 사업

그리스도의 구속 사업에 관하여 아울렌(Gustaf Aulén)은 아우구스티누스가 그리스도의 승리설을 주장하고 라틴적 속죄론을 배격하였다고 말하였다.

> 그는… 라틴 속죄 교리로 기울지 않는다. 반대로 그는 그런 관념에 대해 예리하게 반대하는 의도를 가진 것 같다. 그는 성부 하나님이 성자의 죽음에 의해 '달래질' 수 있다는 것을 부정한다. 그럴 경우에는 성부와 성자 사이에 어떤 차이 혹은 나아가서 갈등이 있을 것이기 때문이다. 그러나 그것은 생각할 수 없다. 왜냐하면 성부와 성자 사이에는 항상 가장 완전한 조화가 있기 때문이다. 매우 특징적인 것은 그가 자기의 주장을 화육론과 삼위일체론에 근거를 두는 것이다.[54]

---

et hominis... ."

53 Portalié, *A Guide to the Thought of Saint Augustine*, 158. "The conclusion must then be drawn that the word *mixture*, condemned by the *Libellus* though frequently enough used by Augustine, indicates an intimate penetration not of the natures but of the divine person in the appropriation of the human nature."

54 Gustaf Aulén, *Christus Victor: An Historical Study of the Three Main Types of*

그러나 포르탈리에는 아우구스티누스에게 만족설이 나타난다고 주장하였다. "첫째는 죄를 단순히 죄인의 도덕적 불완전으로 보는 것이 아니라 특히 하나님의 권위에 대한 침해로 보는 개념이다. … 두 번째 원리는 하나님에게 합당한 만족의 이론이다. … 끝으로 대속(대신으로 드리는 만족)의 원리가 있다. … 아우구스티누스는 이 모든 것을 동시에 긍정한다."[55] 켈리도 아우구스티누스에게 있어서 그리스도의 희생은 "그 효과에 있어서 속죄적이며 달래는 것이다(expiatory and propitiatory)"[56] 하고 말하였다. 그리스도의 죽음에 의해 우리의 죄가 말소되고, 그리스도의 죽음에 의해 하나님의 진노가 달래졌다고 보았다고 하였다.[57]

아우구스티누스의 본문들을 살펴보면 아우구스티누스의 사상은 만족설에 관한 한 아울렌의 해석보다는 포르탈리에나 켈리(J. N. D. Kelly)의 해석에 가까운 것 같다. 아우구스티누스는 "그는 우리를 위해서 자신을 하나님께 제물과 희생으로 바쳤다"라고 말하였다.[58] 아우구스티누스는 이렇게 말하였다. "그의 죽음에 의해 우리를 위한 하나의 참된 희생이 바쳐졌으며, 어떤 잘못이든…

---

the Idea of the Atonement, trans. A. G. Hebert (London: S.P.C.K., 1978), 58.

55 Portalié, *A Guide to the Thought of Saint Augustine*, 164.

56 J. N. D. Kelly, *Early Christian Doctrines* (London: Adam & Charles Black, 1980), 392.

57 Ibid., 393.

58 *Sermons*, 152.9, quoted in Portalié, *A Guide to the Thought of Saint Augustine*, 164.

그가 정결케 하고 폐기하고 없앤다."[59] 그리스도는 그 자신이 제사장이다. 죄가 "중보자인 참된 제사장의 하나의 희생을 통해 없어진다."[60] 또한 그는 제사장인 동시에 제물이다. "그가 봉헌하는 제사장이고 또한 봉헌되는 제물이다."[61] 그는 자발적인 제물이었다. "그는 죽음의 고통으로 나아갔다. 즉, 자발적인 죽음이었다. 그가 할 수밖에 없었기 때문이 아니라 그가 그것을 자유롭게 선택했기 때문이었다."[62] 이것은 승리의 사건이었다. 아우구스티누스는 『고백록』에서 이렇게 말하였다.

> 우리를 위해서 그는 당신에게 승리자(Victor)이자 희생자(Victim)이었습니다. 승리자이었습니다. 왜냐하면 그가 희생자이었기 때문입니다. 우리를 위해서 그는 당신에게 제사장이자 제물이었습니다. 제사장이었습니다. 왜냐하면 그가 제물이었기 때문입니다. 그는 우리를 종들인 것에서부터 아들들로 만듭니다. 왜냐하면 그가 당신에게서 태어나서 우리를 섬겼기 때문입니다.[63]

---

59 *On the Trinity*, 4.13.17, NPNF 1, 3:78.

60 *De Genesi ad Litteram*, 10.14.25, OSA 15:877.

61 *The City of God*, 10.20, NPNF 1, 2:193.

62 *Sermons*, 152.9, quoted in Portalié, *A Guide to the Thought of Saint Augustine*, 166.

63 *Confessions*, 10.43.69, LCC 7:242.

무죄한 피를 부음으로 죄지은 자들의 모든 죄를 없앤다. 너무나 큰 대가가 지불되었으므로 모든 포로를 그들을 사로잡고 있는 원수의 손에서 구속하였다.[64]

만족설과 궤를 같이하면서도 강조점이 다른 것은 형벌 대상설이다. 포르탈리에는 아우구스티누스에게서는 후에 프로테스탄트 스콜라주의에 나타난 과장된 형벌 대상설을 찾아볼 수 없다고 말하였다. 포르탈리에는 이렇게 말하였다. "아우구스티누스의 어느 곳에서도 예수가 십자가에서 그의 아버지에 의해 저주를 받고 지옥의 고통을 당했다고 하는 프로테스탄트 스콜라주의의 과장된 주장의 흔적을 발견할 수 없다."[65] 포르탈리에가 말한 과장된 형벌 대상설은 아우구스티누스에게 없을지 모르지만, 아우구스티누스에게도 형벌 대상설이 나타나는 것은 분명하다. 아우구스티누스는 이렇게 말하였다. "그리스도는 무죄하지만 우리의 형벌을 졌다. 이는 우리의 죄를 말소하고 우리의 형벌을 없애기 위한 것이다."[66] 또한 아우구스티누스는 이렇게 말하였다. "만약 당신이 그리스도가 저주를 받았음을 부정한다면 당신은 그리스도가 죽었음을 부정해야 한다. … 그는 우리의 죄를 가지진 않았지만 그것의 형벌을 졌다.

---

64 *The Enarrations on the Psalms*, 130.3, NPNF 1, 8:613.

65 Portalié, *A Guide to the Thought of Saint Augustine*, 166.

66 *Reply to Faustus the Manichaean*, 14.4, NPNF 1 4:208.

… 그리스도가 죽었음을 고백하라. 그러면 당신은 그가 우리를 위해 저주를 졌음을 고백할 것이다."[67] 또 아우구스티누스는 이렇게 말하였다. "인간적 본성은 신앙과 그리스도의 피의 성례에 의하지 않고는 결코 하나님의 의로운 진노, 즉 형벌로부터 의롭다 함을 받거나 구원받을 수 없다."[68]

아우구스티누스가 그리스도의 죽음을 사탄에게 지불한 속전으로 보았는가 하는 문제에 관해 포르탈리에는 강한 거부감을 표현하였다. 포르탈리에는 이렇게 말하였다. "아우구스티누스는 그리스도가 악마와 거래를 하였다거나 그리스도가 인간과 악마 사이에 중개자였다거나 그리스도의 피가 악마에게 주어졌다고 하는 사상을 결코 피력하지 않았다. 아우구스티누스는 인간들과 성부 사이에 단 하나의 중개만을 인정한다."[69] 또한 포르탈리에는 이렇게 말하였다. "아우구스티누스는 하나님이 만족을 얻고 인간을 용서하였기 때문에 악마가 정복되었음을 모든 곳에서 보여 준다."[70] 또한 포르탈리에는 이렇게 말하였다. "악마의 전복이라고 하는 성 아우구스티누스의 이론은 속전의 관념을 적극적으로 배제한다."[71] 그러나 포르탈리에의 주장과는 달리 아우구스티누스 안에 악마와의 거래

---

67 Ibid., 14.7, NPNF 1 4:209.

68 *On Nature and Grace*, 2.2, NPNF 1, 5:122.

69 Portalié, *A Guide to the Thought of Saint Augustine*, 168.

70 Ibid.

71 Ibid., 169.

에 관한 언급이 있음은 사실이다. 아우구스티누스는 『삼위일체론』에서 이렇게 말하였다.

> 이 구속에 있어서 그리스도의 피가, 말하자면, 우리를 위한 값으로 주어졌다. 악마는 그것을 받음으로써 부유해진 것이 아니라 속박되었다.[72]

또한 아우구스티누스는 이렇게 말하였다. "악마가 스스로 정복하였다고 생각하였을 때, 즉 그리스도가 죽임을 당하였을 때, 악마가 정복되었다."[73] 또한 『자유의지론』에서는 이렇게 상세하게 말하였다.

> 하나님의 말씀, 하나님의 유일한 아들은 인간적 본성을 입었는데, 그는… 악마를 인간에게 복종하게 하였다. 그리스도는 악마에게서 아무것도 폭력에 의해 강제로 빼앗지 않았고 정의의 법에 의해 악마를 이겼다. 악마는 여자를 속이고 그녀로 말미암아 남편을 타락하게 하였으며, 그 첫 인간의 모든 후손을 사망의 법에 종속하도록 요구하였다. …이것을 악마는 해치려는 악한 욕망을 가지고 행하였다. 그러나 동시에 악마의 세력이 지배적인 동안에, 즉 악마가 그 의로운 사람에게서 마땅히 죽임을 당해야 할 아무것도 찾지 못하였음에도 불구하고

72 *On the Trinity*, 13.15.19, NPNF 1, 3:178.

73 Ibid., 13.15.19, NPNF 1, 3:177.

그를 죽일 때까지 절대적 권한을 가지고 있었다. 그리스도는 단순히 아무 잘못 없이 죽임을 당한 것만이 아니라 또한 욕망 없이 태어났다. 악마는 자기의 포로들을 욕망에 종속시켰다. 악마는 그들에게서 태어난 모두를 악한 욕망을 가지고… 그러나 또한 정당한 소유권을 가지고 장악해 왔다. 그러므로 악마가 그가 부당하게 죽인 그분을 믿는 자들을 포기하도록 강요를 받는 것은 매우 정당하다. … 그래서 인간을 악마로부터 폭력적으로 빼앗지 않았다. 왜냐하면 악마가 인간을 폭력에 의해서가 아니라 설득에 의해 포로로 잡았기 때문이다.[74]

말라드(William Mallard)는 이것은 로마법을 따른 해석이라고 보았다. "로마법에서는 무고자는 유죄하다. 그래서 악마는 고문자로서의 자기의 신분을 상실하였다."[75]

아우구스티누스에게 '도덕 감화설'이 나타나는 것은 분명하지만 그것이 그의 사상의 중심적인 것이었느냐 아니었느냐 하는 것은 논쟁되는 문제이다. 하르낙은 아우구스티누스의 사상에 관해 이렇게 말하였다. "화육은 우리를 향한 하나님의 사랑의 위대한 증거이다. 그 안에 증언된 하나님과 그리스도의 겸손은 우리의 교만을 부수며, '모든 선은 겸손 안에서 완전하게 된다'는 것을 우리에게 가르친다."[76] 켈리도 "아우구스티누스의 가르침은 그리

74 *On Free Will*, 3.10.31, LCC 6:190.

75 Mallard, "Jesus Christ," 465.

스도의 사업의 모범적 국면을 전례 없는 방식으로 강조한다"라고 말하였다.[77] 사실상 아우구스티누스는 여러 곳에서 모범설을 가르치고 있다. 아우구스티누스는 이렇게 말하였다. "하나님이 여자에게서 태어나고 죽을 인간들에 의해 그렇게 모욕적으로 죽음에 던져짐으로 보여 준 겸손은 우리의 부푼 교만을 치료하는 특효약이며 죄의 속박이 깨뜨려지는 심원한 신비이다."[78] 아우구스티누스는 또한 이렇게 말하였다. "우리는 겸손으로 말미암지 않고는 돌아갈 수 없다. 이제 우리를 회복시키는 분은 송구스럽게도 자신의 인격 안에 이 겸손의 모범, 즉 우리가 돌아가야 할 길의 모범을 보여 주었다."[79] 그러나 아우구스티누스는 도덕적 영향만을 주장하는 사람들을 이렇게 비판하였다. "육적인 인간은… 그리스도의 십자가가 믿는 자들에게 어떤 은총을 주는지를… 지각하지 못한다. 그는 그리스도가 십자가 위에서 행한 것은 단순히 그가 우리에게… 모방해야 할 모범을 남긴 것으로만 생각한다."[80] 요컨대 아우구스티누스가 모범설을 가르치긴 하였지만, 모범설이 아우구스티누스의 구속론에 있어서 중심적 가르침이었다고 말하기는 어려울 것 같다.

---

76 Harnack, *History of Dogma*, 5:130-131.

77 Kelly, *Early Christian Doctrines*, 393.

78 *On the Trinity*, 8,5.7, NPNF 1 3:119.

79 *Faith and the Creed*, 4.6, LCC 6:357.

80 *In Joannis Evangelium Tractatus*, 98.3, quoted in Portalié, *A Guide to the Thought of Saint Augustine*, 164.

아우구스티누스는 그리스도가 인간인 한에 있어서 우리의 중보자이지만, 신인 한에 있어서는 우리의 중보자가 아니라고 말하였다. 아우구스티누스는 『고백록』에서 이렇게 말하였다.

> 그는 인간인 한에 있어서 중보자이다. 그는 말씀인 한에 있어서 둘 사이에 있는 어떤 것이 아니다. 하나님과 동등이기 때문이다.[81]

이에 대해 쉐엘은 말씀의 역할을 희생했다고 아우구스티누스를 비판하였다. 쉐엘은 중보자는 양극 사이에 있기 위해 인간-신이어야 한다고 보았다.[82] 그러나 아우구스티누스는 그리스도의 인격이라는 점에서 신의 중보적 성격을 부정한 것이 아니라 그리스도의 본성이라는 점에서 신성의 중보적 성격을 부정한 것이다. 아우구스티누스는 이렇게 말하였다.

> 만일 그가 또한 하나님이 아니라면… 우리는 그 한 중보자를 통해 구원을 받지 못할 것이다.[83]

또 그는 이렇게 말하였다.

---

81 *Confessions*, 10.43.68, LCC 7:242.

82 Scheel, *Anschauung Augustins*, 318-319, quoted in Portalié, *A Guide to the Thought of Saint Augustine*, 162.

83 *Enchiridion*, 28.108, LCC 7:404.

그가 자신에게 속한 것으로부터 그는 하나님의 아들이다. 그가 우리에게 속한 것으로부터 그는 인간의 아들이다. 그는 우리로부터 더 작은 부분을 받았으나, 그는 우리에게 더 큰 부분을 주었다. 또한 그는 죽었다. 이는 그가 인간의 아들이기 때문이지 하나님의 아들이기 때문이 아니다. 그럼에도 불구하고 하나님의 아들이 죽었다. 하지만 그가 육신에 따라 죽은 것이지, '육신이 되어 우리 가운데 거하신 말씀'에 따라 죽은 것이 아니다. 그러므로 그가 죽었기 때문에 그는 우리에게 속한 것에서 죽었다. 우리가 살기 때문에 우리는 우리가 그에게 속한 것으로부터 산다.[84]

요약하자면, 아우구스티누스의 그리스도의 사업론은 그 이전의 여러 가지 사상을 집대성한 것이라고 할 수 있다. 그는 그의 『편람』의 한 구절에서 자기 견해를 다음과 같이 잘 요약해 주고 있다.

"하나님과 인간 사이의 한 분 중보자이며 인간 자체인 그리스도 예수"가 만일 동시에 하나님이 아니라면 그를 통해서라도 우리는 구원을 받을 수 없을 것이다. 아담이 창조되었을 때-그는 올바른 사람으로 창조되었다- 중보자에 대한 필요가 없었다. 그렇지만 일단 죄가 인류를 하나님으로부터 멀리 분리시키자, 죄 없이 태어나고 살고 죽은 중보자가 우리를 하나님에게 화해시키고 우리의 몸에 영생으로의 부

84 *Sermons*, 127.9, NPNF 1, 6:489.

활을 주는 일이 꼭 필요하게 되었다. 이 모든 것은 인간의 교만이 드러나고 그 교만이 하나님의 겸손으로 말미암아 치유 받도록 하기 위한 것이다. 그래서 인간이 화육한 하나님에 의해 하나님에게로 부름을 받을 때 그가 하나님으로부터 얼마나 멀리 떨어져 있는지를 볼 수 있을 것이다. 이는 완고하게 불순종하는 인간이 저 신인에 의해 순종의 모범을 보도록 하기 위한 것이며, 은총의 샘이 열리도록 하기 위한 것이며, 구원받은 자들에게 약속된 몸의 부활을 구세주 자신의 부활에서 미리 보도록 하기 위한 것이며, 악마가 자기가 속였다고 즐거워하던 바로 그 본질에 의해 정복당하도록 하기 위한 것이다. 그렇지만 이 모든 것은 인간에게 자기 영광의 근거를 주지 않는다. 이는 교만이 다시 일어나지 않도록 하기 위한 것이다.[85]

여기서 아우구스티누스는 첫째로 그리스도가 하나님과 인간 사이의 중보자임을 말하고 있다. 둘째로 인간 그리스도(즉, 그리스도의 인성)가 중보자임을 말하고 있다. 셋째로 인간 그리스도가 중보자이긴 하지만 그가 하나님이 아니라면(즉, 신적 인격이 아니라면) 중보자가 될 수 없음을 말하고 있다. 넷째로 그리스도가 인간을 하나님에게 화해시키는 일을 함을 말하고 있다. 다섯째로 그리스도가 순종의 모범이 됨을 말하고 있다. 마지막으로 그리스도가 악마를 정복하였음을 말하고 있다.

---

85 *Enchiridion*, 28.108, LCC 7:404-405.

4. 결언

아우구스티누스는 그리스도에 관해 방대한 저작을 쓰지 않았다. 그러나 그의 저서 여러 곳에서 그리스도에 관해 논의하였다. 아우구스티누스는 그리스도의 인격에 관하여 두 본성과 한 인격이라는 주장을 일관되게 주장하였다. 그래서 그는 칼케돈 신조의 방향을 미리 제시하였다고 할 수 있다.

아우구스티누스가 그리스도의 신성을 강조하였는가 아니면 인성을 강조하였는가 하는 논쟁이 있어 왔으며, 실제로 아우구스티누스가 신성 못지않게 인성을 강조하였지만, 그럼에도 불구하고 삼위일체론 때문에 신성이 강조되었다고 할 수 있다. 그리스도는 화육 전에는 삼위일체의 삼위(Three Persons) 가운데 한 위(One Person)로 계셨으며 그 위격은 신적 인격(Divine Person)이었다. 그 신적 인격이 인간 본성(human nature)을 취하였다. 만일 그 신적 인격이 또 다른 인간적 인격(human person)을 취하였다고 한다면, 아우구스티누스가 염려하는 대로 삼위일체가 아니라 사위일체가 될 수도 있다. 만일 그렇다면 아우구스티누스가 염려하는 대로 하나님에게는 두 아들, 즉 신적 아들(Divine Son)과 인간적 아들(human son)이 있을 수 있다. 결국 한 인격과 두 본성이라는 주장은 신적 인격(Divine Person), 신적 본성(Divine Nature), 인간적 본성(human nature)으로 구별할 수 있을 것이다. 아우구스티누스는 이런 구별을 극복하기 위해 신적 본성과 인간적 본성의 혼합은 부정하지만, 신적 인격과 인간적 본성의 혼합이라는 표현은 쓰지 않았나 생각된다.

그리스도의 구속 사업에 관해 아우구스티누스는 다양한 견해를 피력하였다. 그래서 후의 신학자들은 아우구스티누스를 자신들의 주장의 전거로 인용할 수 있었다. 아우구스티누스에게는 분명히 만족설이 나타난다. 또한 아우구스티누스에게 있어서는 형벌 대상설도 나타난다. 그리고 악마에 대한 속전설도 나타나며, 동시에 악마에 대한 그리스도의 승리설도 나타난다. 또한 아우구스티누스는 그리스도인의 삶에서 누구보다 겸손을 강조하였기 때문에 모범설도 나타난다. 이런 다양한 사상 중 어느 한 면만을 강조하거나 어떤 면을 무시하거나 부정하는 것은 아우구스티누스를 왜곡하는 것일 것이다.

요컨대 아우구스티누스는 그의 『삼위일체론』에서 자기 이전에 논쟁되었던 삼위일체론을 체계적으로 정리하면서 그 이후에 있을 그리스도론의 바른 방향을 제시하였다고 할 수 있다.

5장
죄론과 은총론

1. 서언

아우구스티누스의 죄와 은총론은 그동안 깊이 연구되어 왔으며, 또한 많이 논쟁되어 온 문제이다. 아우구스티누스는 로마가톨릭교회와 프로테스탄트교회가 다 존경하는 신학자이기 때문에 각기 아우구스티누스의 권위에 호소하고, 또 각기 자기들의 관점에서 아우구스티누스를 서로 다르게 해석해 왔다.

그러나 1999년 10월 31일, 종교개혁 482주년을 맞이하여, "로마가톨릭교회와 루터교회 사이에 득의론에 관한 공동 선언"("Joint Declaration on the Doctrine of Justification on October 31, 1999 in Augsburg Germany")이 발표되었다. 이 선언 마지막 부분에서는 득의론에 관한 한 루터교회와 로마가톨릭교회가 상호 비난할 일이 없다고 말하였다. "이 선언에 제시된 루터교회들의 가르침은 트렌트 공의회의 정죄들 아래 있지 않다. 루터교 신앙고백들 안에 있는 정죄들은 이 선언에 제시된 로마가톨릭교회의 가르침에 해당되지 않는다." 하지만 1563년에 발표된 "트렌트 공의회의 교칙과 교령들"에 나오는 정죄 중 어떤 것들은 루터란을 암시하고 있음을 부인할 수 없을 것이다. 예컨대, "만약 어떤 사람이 신앙에 의해서만 불경건한 자가 득의된다고… 말한다면 그는 저주를 받을지어다"[1] 와 같은 구절이다. 또한 1577년의 루터교의 『일치 신조』에 나오는 정죄 중 어떤 것들, 예컨대 "'득의한다', '득의된다'는 것은 죄에서 사면을 한다거나 사면을 받는다는 것과 죄의 용서를 얻는다는 것을 뜻하는 것이 아니라 성령이 주입한 사랑과 덕 때문에 그리고 그것으로부터 유래하는 행위들 때문에 하나님 앞에서 사실상 의롭게 되는 것을 뜻한다"[2]는 구절은 로마가톨릭의 주장을 암시하고 있음이 분명한 것 같다. 사실 1999년의 이 공동 선언은 득의론에 관한 해석의 차이가 16세기 교회 분열의 원인이었음을 시인한다. "득의에 관한 성서적 메시지에 대한 상반된 해석들과 적용들이 16세기에 있어서 서방 교회의 분열의 주요 원인이었고, 또한 교리적 정죄들을 야기하였다. 그러므로 득의에 관한 공동 이해가 그 분열을 극복하는 데 있어서 근본적이고 불가결하다." 그런데 1999년의

1 Philip Schaff, *The Creeds of Christendom,* 3 vols. (New York: Harper & Brothers, 1919), 2:112.

2 *The Book of Concord,* trans. and ed. Theodore G. Tappert (Philadelphia: Fortress Press, 1959), 475.

공동 선언에서는 루터교회와 로마가톨릭교회의 득의론을 각각 이렇게 요약하고 있다. 우선 루터교회의 득의론이다. “루터교 이해에 따르면, 하나님은 신앙 안에서만 죄인들을 의롭다 한다. … ‘신앙만에 의한 득의’라는 교리에 있어서 득의 자체와 득의로부터 필연적으로 따라오며, 그것 없이 신앙이 존재하지 않는 삶의 신생(renewal) 사이에 구별은 있지만 분리가 있지는 않다. … 득의와 신생은 신앙 안에 임재하는 그리스도 안에 결합되어 있다.” 다음으로 로마가톨릭교회의 득의론이다. “가톨릭 이해 역시 신앙을 득의에 있어서 근본적인 것으로 본다. … 죄인들의 득의는 죄들의 용서와 득의의 은총에 의해 의롭게 만드는 것인데, 이 은총이 우리를 하나님의 자녀가 되게 한다.” 요컨대 루터교회의 득의론에 있어서는 ‘득의 자체’와 신생은 구별되지만 분리되지는 않으며, 로마가톨릭교회의 득의론에 있어서 득의는 죄의 용서와 의롭게 됨이다. 사실상 이 공동 선언을 보면 피상적으로 알고 있는 로마가톨릭교회는 행함을 강조하고, 개신교회는 신앙을 강조한다는 말이 옳지 않음을 알 수 있다. 이렇게 루터교회와 로마가톨릭교회가 득의에 대한 의견의 접근을 모색하고 있는 시점에서 그들의 한 뿌리가 되는 아우구스티누스의 득의론과 그리고 이와 관련하여 그의 죄와 은총론을 살펴보는 것이 큰 유익이 될 것이며, 또한 새로운 안목으로 아우구스티누스를 볼 수 있을 것이다.

이 장에서는 아우구스티누스의 죄와 은총론을 살펴보되 역사적 발전이나 변화를 주목하면서 살펴볼 것이다. 많은 경우에 아우구스티누스는 상호 모순되는 주장을 하고 있는데, 그의 사상을 초기와 후기로 나누어 그의 사상의 변화를 살펴보면 이런 모순이 이해될 수 있다. 또한 이 장에서는 아우구스티누스의 죄와 은총론을 서술하되 후의 신학자들, 특히 루터와 칼빈과 같은 종교개혁자들과 비교하면서 서술할 것이다.

2. 창조된 인간의 상태와 타락된 인간의 상태

아우구스티누스는 처음 창조된 인간의 상태와 타락한 현재의 인간의 상태는 다르다고 보았다. 타락 전 아담은 육체적 무력성을 가지지 않았다. 아담은 신체와 정신의 모든 가능한 선을 누렸다. 즉, 복종을 조건으로 한 불멸성,[3] 완전한 건강과 격정에 시달리지 않은 정신,[4] 뛰어난 지성 등을 가졌다. 아우구스티누스는 아담이 범죄하지 않았다면 죽음을 맛보지 않고 영적 존재로 변화되었을 것이라고 말하였다. "아담이 범죄하지 않았더라면 영적인 몸으로 변화되었을 것이며, 신자들과 성자들에게 약속된 죽음의 위험이 없는 썩지 않는 상태로 들어갔을 것이다"[5]라고 그는 말하였다.

3 Augustine, *De Genesi ad Litteram*, 6.25.36, OSA 15:723.

4 Augustine, *City of God*, 14.26, NPNF 1, 2:281, "Soundest health blessed his body, absolute tranquility his soul."

5 Augustine, *On the Merits and Remission of Sins, and On the Baptism of Infants*,

이 점에 있어서 아우구스티누스의 초기 입장과 후기의 입장이 다르다. 아우구스티누스는 초기에 그리스 신학자들 사이에 일반적이었던 견해, 즉 아담과 하와에게 생육하고 번성하라는 명령은 하나님을 찬양하기 위해 선행을 산출하는 영적인 결합을 가리키는 것이었으며, 생물학적 산출은 타락 후에 비로소 알려졌다고 보는 견해로 기울어져 있었다. 그러나 그가 기독교적 삶에서 진보하자 자신의 견해를 바꾸었다. 아담이 영적인 존재로 변화하는 것은 그가 아들들을 낳은 후에 일어났을 것이라고 하였다.[6]

이런 점에서 루터는 후기의 아우구스티누스의 견해를 받아들였다. 루터는 이렇게 말하였다. "아담은 음식과 음료와 생식이 없이는 살 수 없었다. 그러나 성도들의 숫자가 찬 후 예정된 때에 이 육체적 활동은 종결되었을 것이다. 그리고 아담은 자기 자손들과 함께 영원하고 영적인 삶으로 변환되었을 것이다."[7]

루터는 또한 아담의 "이 육체적 삶 이후에 영적 삶이 오기로 되어 있었다. 그 영적 삶 속에서 아담은 물질적 음식도 사용하지 않고 현세에 있는 다른 일들도 하지 않았을 것이다. 그는 천사적, 영적 삶을 살았을 것이다. 성서에서 미래의 삶이 묘사된 것처럼 우리는 마시거나 먹지 않을 것이며, 어떤 다른 육체적 기능을

1.2.2, NPNF 1, 5:16.

6 Augustine, *Enchiridion*, 28.104, LCC 7:402.

7 Luther, *Lectures on Genesis*, 1:26, *Luther's Works*, ed. Jaroslav Pelikan and Helmut T. Lehman (St. Louis, Mo.: Concordia, 1955-1986), 1:57. (이하 LW라 약함.)

행하지 않을 것이다"[8] 하고 말하였다.

아우구스티누스에 의하면 타락 후에 육체의 죽음과 영혼의 죽음이 왔다. 또한 인간의 모든 기능이 약화되었다. 아담은 자기 육체를 지배할 수 없었다. 몸이 반역을 하고 정신은 죄로 어두워지고 약화되었다. 그렇다고 해서 인간 본성이 철저하게 타락된 것은 아니었다. 인간 본성은 신적 이미지의 어떤 자취를 보유하고 있었다.[9] 하나님의 이미지로 만들어진 이성에 어떤 작은 불꽃이 남아 있다.[10] 그러나 아우구스티누스는 이 모든 것을 하나님의 선물로 보았다. 그는 펠라기우스주의자인 율리아누스(Julian of Eclanum)의 불신자들의 덕에 대한 언급에 대해 이렇게 말하였다. "만약 당신이 이 이방인들을 찬양하기를 즐거워한다면 그들 안에 있는 바로 이것들이 하나님의 선물들임을 인정하는 것이 훨씬 나을 것이라고 나는 말한다."[11] 또한 그는 이렇게 말하였다. "만약 당신이 이방인들

---

8 Ibid., 1:65.

9 Augustine, *On the Spirit and the Letter*, 48, LCC 8:231. "Yet we must remember that the image of God in the human soul has not been so completely obliterated by the stain of earthly affections, that no faint outlines of the original remain therein; and therefore It can rightly be said even in the ungodliness of its life to do or to hold some parts of the law."

10 Augustine, *City of God*, 22.24, NPNF 1, 2:502. "though the little spark of reason, which was the image of God in him, has not been quite quenched."

11 Augustine, *Contra Julianum haeresis Pelagianorum defensorem*, 4.3.16, quoted in Eugène Portalié, *A Guide to the Thought of Saint Augustine*, trans. Ralph J. Bastian, S. J. (Westport, Connecticut: Greenwood Press, Publishers, 1975), 195.

이 가지고 있다고 말하는 그 덕들을 단지 그들 자신에게가 아니라 하나님의 선물로 돌린다면 훨씬 더 받아들일 만할 것이다. 그들이 이것에 대해 아무것도 모르고 있긴 하지만 말이다."[12]

그는 자연적 덕의 은총과 초자연적 행위를 위한 은총을 구별하였다. 전자는 모든 사람을 향한 은총이다. 심지어 동거녀 자녀의 은총이다(*gratia filii concubinarum*). 그러나 후자는 자녀들의 은총이다(*gratia filiorum*). 그는 한 이교도의 용감한 죽음에 관해 말하면서 그것은 하나님의 선물이지만 그리스도인들을 위해 준비된 선물들과는 크게 다른 것이라고 말한다. "이것이 하나님의 선물임을 부정할 수 없지만, 위에 있는 우리 어머니인 저 자유로운 예루살렘의 자녀들을 위한 하나님의 다른 선물들이 있음을 이해해야 한다."[13]

그런데 켈리(J. N. D. Kelly)는 아우구스티누스가 전적 타락의 교리를 강조하지 않는다고 해석하였다. "아우구스티누스는 하나님의 형상이 우리 안에서 철저하게 말살되었다고 하는 '전적 타락'(total depravity)의 교리를 강조하지는 않는다. 비록 타락한 인간은 비참하게 변했지만 고상한 채로 남아 있다. '말하자면 인간이 하나님의 모습으로 만들어진바 이성의 불꽃은 완전히 꺼져버린 것은 아니다.'"[14] 보너(Gerald Bonner)는 아우구스티누스가 타락한

12 Augustine, ibid, quoted in Poralié, ibid.

13 Augustine, *De Patientia*, 27.25, OSA 12:413.

14 J. N. D. Kelly, *Early Christian Doctrines* (London: Adam & Charles Black, 1980), 364.

본성에도 신적 형상의 어떤 불꽃이 남아 있다고 본 점에서 타락한 인간의 전적 타락을 주장하는 칼빈주의적 교리와는 다르다고 주장하였다. "그것은 타락한 인간의 전적 부패라는 칼빈주의적 교리와 신적 형상들의 어떤 불꽃이 타락한 본성에 여전히 남아 있다고 하는 아우구스티누스의 견해 사이의 차이만큼이나 분명히 아우구스티누스주의적 사상과 칼빈주의적 사상의 기반들 사이에 있는 간격을 보여 준다."[15] 그러나 칼빈의 본문들을 살펴보면 이 해석은 옳지 않다. 칼빈은 타락한 후의 인간의 상태를 이렇게 긍정적으로 평가하였다.

> 시민적 질서와 규율을 매우 공정하게 확립한 고대 법률가들 위에 진리가 빛난다는 사실을 우리는 부정할 것인가? 철학자들은 자연에 대해 바로 관찰하고 예술적으로 묘사했는데 그들을 눈이 어둡다고 말할 것인가? 논쟁술을 생각하고 조리 있는 화법을 우리에게 가르친 사람들을 지성이 없는 사람들이었다고 말할 것인가? 의학을 발전시켜 우리의 유익을 위해 노력을 다한 사람들을 우리는 제정신이 아니라고 말할 것인가? 모든 수학적 과학에 대해서는 무엇이라고 말할 것인가? 그것들을 미친 사람들의 고함으로 생각할 것인가? 아니다. 우리는 이들 주제에 관한 고대인들의 저작들을 높이 찬양하지 않고 읽을 수 없

---

15 Gerald Bonner, *St. Augustine of Hippo* (Philadelphia: The Westminster Press, 2002), 387.

다. … 그러나 우리는 동시에 그것이 하나님으로부터 나온다는 것을 인정하지 않고 어떤 것을 찬양할 만하다거나 고상하다고 생각할 것인가? … 우리는 인간 본성이 그 참된 선을 빼앗긴 후에도 주님이 많은 은사를 인간 본성에 남겨 두었다는 것을 그들의 예를 보아서 알아야 한다.[16]

칼빈은 여기서 법학, 철학, 논쟁술, 의학, 수학 등 모든 학문적 노력을 높이 평가하고 있음을 볼 수 있다. 그래서 칼빈은 결론적으로 "이 다양성 속에서 우리는 하나님의 형상이 남아 있는 자취들을 보며, 이 자취들이 인류 전체와 다른 피조물들을 구별한다"[17]고 말하였다. 칼빈의 이 본문을 보면 칼빈은 아우구스티누스와 같은 입장을 가지고 있었음을 알 수 있다.

3. 원죄

아우구스티누스는 원죄를 욕망과 동일시하였는가. 투르멜(Turmel)은 아우구스티누스는 원죄와 욕망을 동일시하였다고 주장하였다.[18] 제에베르크(Reinhold Seeberg)는 루터가 원죄를 불신앙으

16 Calvin, Inst. 2.2.15.

17 Calvin, Inst. 2.2.17.

로 본 데 반해 아우구스티누스는 원죄를 욕망으로 보았다고 말하였다. "이것은 원죄의 본성에 대한, 그의 개념에 대한 한 단서를 우리에게 준다. 원죄는 루터에게 있어서처럼 불신앙일 수 없다. 아우구스티누스에 따르면 그것은 무엇보다 악한 혹은 육적인 욕망이다."[19] 그러나 포르탈리에(Eugène Portalié)는 이런 해석은 잘못되었다고 주장하였다. 포탈리에는 아우구스티누스에게 있어서 욕망은 우리 조상의 타락의 결과 중 하나에 불과하다고 한다.[20] 포르탈리에는 아우구스티누스에게 있어서는 욕망은 세례 후에도 온전히 남으나, 원죄는 전적으로 말살되고 파괴된다고 한다.[21]. 포르탈리에는 이렇게 묻는다. "원죄가 욕망과 동일시된다면 욕망은 이전처럼 남아 있는데 원죄는 어떻게 말살될 수 있는가?"[22] 포르탈리에에 의하면 아우구스티누스는 욕망 안에 있는 두 요소를 구별하였다. "하나는 욕망의 물리적 실재성(악을 향한 경향)이고 다른 하나는 욕망의 유죄성, 즉 욕망의 도덕적 귀속성이다."[23] 보너도 아우구스티누스가 원죄와 욕망을 구별했다고 말한다. "욕망 그 자체가 원죄

18 Turmel, *Revue d'hisoire*, 1902, 510-533, cited by Portalié, *A Guide to the Thought of Saint Augustine*, 208.

19 Reinhold Seeberg, *Textbook of the History of Doctrines*, trans. Charles E. Hay (Grand Rapids, Michigan: Baker Book House, 1978), 1:345.

20 Portalié, *A Guide to the Thought of Saint Augustine*, 208.

21 Ibid., 209.

22 Ibid.

23 Ibid.

는 아니다. 욕망은 인간 본성의 상처와 악으로 인간 본성을 악마에게 노예로 만든다. 욕망은 세례받은 사람에게 있어서도 죄의 기회일 수 있다. 욕망은 원죄가 전달되는 방편이다. … 욕망은 세례에 의해 정화되지만 그것의 영향들은 제거되지 않는다. 이 까닭에 세례받은 부모들의 자녀들이 중생의 대야를 필요로 한다" 하고 말하였다.[24] 켈리도 아우구스티누스가 욕망과 원죄를 구별했다고 말한다. "예컨대 그것이 원죄와 동일하지 않다는 것은 비록 세례가 그것에 부착된 죄과(*reatus*)를 제거하더라도 우리 지체 속에 있는 그 현실성(*actus*)을 제거할 수 없다는 사실에서 드러난다."[25] 아우구스티누스는 이렇게 말하였다. "모든 죄가 사해진 중생자 안에 어떻게 육체의 욕망이 남아 있는가. … 사실상 육체적 욕망이 세례 때에 사해진다. 그러나 존재가 없어지는 것이 아니라 죄로 전가되지 않는다. 그것의 죄과는 지금 제거되었지만 그것은 여전히 남아 있어, 우리의 전체 질병이 우리의 내적 사람의 갱신에 의해 날마다 치유되어 마침내 우리의 외적 인간이 불멸을 옷 입을 때까지 계속된다."[26] 따라서 아우구스티누스가 원죄와 욕망을 동일시하였다고 말한 투르멜이나 제에베르크의 주장은 옳지 않다고 하겠다.

원죄의 유전에 관하여 부모가 아기를 가질 때 갖는 성적 욕망을

24 Bonner, *St. Augustine of Hippo*, 378.

25 Kelly, *Early Christian Doctrines*, 365.

26 Augustine, *On Marriage and Concupiscence*, 1.28, NPNF 1, 5:275.

통해 원죄가 유전된다는 것이 아우구스티누스의 주장인가 하는 것은 논쟁되는 문제이다. 제에베르크는 이 문제에 대해 아우구스티누스에게 있어서 "생식은 죄된 욕망 없이 결코 일어나지 않는다. 이것은 그 행위와 결합된 수치감에 의해 분명히 입증된다. 욕망은 자녀들에게 전달된다"[27] 하고 말하였다. 또한 제에베르크는 "그는 확실히 죄를 성교 때의 욕망에 의해 전달되는 것으로 묘사한다"[28]고 말하였다. 보너도 "욕망은 타락된 성으로부터 분리할 수 없는 성욕의 요소이다. … 욕망으로부터 그리고 욕망에 의해 원죄의 죄책이 부모로부터 아이에게 전달된다"[29]고 말하였다. 켈리도 "아우구스티누스는 자기 이전의 다른 사람들처럼 오점이 육체적 생식 행위에 의하여, 혹은 더 낫게 말해 그 생식 행위에 수반되는 육체적 흥분—그가 보기에는 세례받은 사람들에게도 성교할 때 그 육체적 흥분이 존재하였다—의 결과로 부모로부터 자식에게로 전해진다고 믿었다"[30]고 말하였다. 그러나 포르탈리에는 원죄에 대한 이런 물질적 개념은 아우구스티누스의 제자인 풀겐티우스가 표현하고, 롬바르두스의 다음의 구절에 표현된 것이긴 하지만 아우구스티누스의 생각은 다르다고 말하였다.[31] 롬바르두스는 이렇게 말하였다. "원

---

27 Seeberg, *Textbook of the History of Doctrines*, 1:343.

28 Ibid., 1:344.

29 Bonner, *St. Augustine of Hippo*, 377-378.

30 Kelly, *Early Christian Doctrines*, 411.

31 Portalié, *A Guide to the Thought of Saint Augustine*, 211.

죄의 원인은 육체의 많은 결점 속에 있다. 특히 몸이 잉태될 때 성교와 성적 정욕의 열 안에서 부모들에게서 몸이 결합되는 오염 속에 있다."[32] 포르탈리에는 아우구스티누스의 『미완성된 율리아누스 반박』을 보면 이런 해석이 배제된다고 한다.

> 거기서 아우구스티누스는 우리를 구주 그리스도와 연합시키는 결속과 유사하게 아담과 우리 사이의 도덕적 연합에 의존한다. "그들은 그의 의지 안에서 죄를 지은 그의 육체로 옷을 입었기 때문에 그들은 그로부터 죄에 대한 책임을 지닌다. … 이는 그리스도를 옷 입은 아이들이 정의 안에 참여를 그리스도로부터 받는 것과 마찬가지이다."[33]

그러나 아우구스티누스는 이렇게 말하였다. "자연적 출생에 의해 존재하게 되는 자는 누구나 이 욕망으로부터 유래하기 때문에 원죄에 속박된다. 동정녀 마리아가 이 욕망 없이 잉태한 그 분 안에서 중생하지 않는다면 그러하다."[34] 아우구스티누스의 이 본문을 보면 그는 원죄의 유전과 성욕을 관계시키고 있음이 분명하다. 루터도 아담의 죄는 성적 욕망을 통해 전달된다고 하였다. 하나님이 성적인 행위 그 자체를 원하시고 그것이 그를 기쁘시게 할지라도,

---

32 Peter Lombard, II sententiarum, d. 30, c. 9 그리고 특히 d. 31, c. 6, quoted in Portalié, *A Guide to the Thought of Saint Augustine*, 211.

33 Portalié, *A Guide to the Thought of Saint Augustine*, 211.

34 Augustine, *On Marriage and Concupiscence*, 1.27, NPNF 1, 5:275.

그것은 본래의 순수성을 상실하였으며 정욕적 욕망을 통해 죄악된 것이 되었다고 루터는 말하였다.[35] 그래서 루터는 "만일 한 여자가 남자의 씨 없이 출산할 수 있는 일이 일어날 수 있다면, 그러한 출생은 또한 순수할 것이다. 그래서 그리스도가 남자의 씨 없이 여자로부터 죄 없이 잉태되고 출산되어야 했다"[36]고 말하였다. 그러므로 아우구스티누스와 루터가 이 문제에 대해 같은 견해를 가지고 있었다고 할 수 있다.

4. 영혼의 기원

아우구스티누스는 인간 영혼의 기원에 대해 영혼창조설과 영혼 유전설 사이에 동요한 것처럼 보인다. 그러나 포르탈리에는 아우구스티누스가 동요하긴 했지만, 말년에 영혼창조설 쪽으로 기울어졌다고 보았다. 포르탈리에는 "벨라마인(Bellarmine)이 지적한 것처럼, 말엽에 가서는 원죄의 전달의 어려움만이 그로 하여금 영혼 창조 교리를 주장하는 것을 막았다고 우리는 말할 수 있을 것이다"

---

35 Luther, *Ein Sermon von dem ehelichen Stand, Luthers Werke*, Kritische Gesamtausgabe (Weimar: Böhlau, 1883ff.), 2:167. (이하 WA라 약함.)

36 Luther, *Predigten des Jahres 1523*, WA 12:403, 31-34. "wenn es noch könd geschehen, dasz ain weib on mennlichen samen geperen möcht, so were die selbig geburt auch rayn. Darum ist das hie angeben, dasz christus solt on sünde vom weyb on mennlichen samen empfangen und geporen weden."

하고 말하였다.[37]

아우구스티누스는 성경은 이 문제에 관한 결정적인 언급이 없다고 한다. 418년 한 편지에서 영혼출생설을 절대적으로 정죄했다고 말하는 것은 정확하지 않다.[38] 거기서 그는 명확한 진술을 하기를 원하지 않는다. 그의 후의 저작들도 그의 지속적인 의심을 보여 준다. "나는 내가 알지 못하는 것을 감히 가르치려고 하지 않는다."[39] "나는 첫 번째 사람 이후 인간들에게 주어졌고 그리고 주어지고 있는 저 영혼들의 기원에 관해 감히 명확한 진술을 하려고 하지 않았다. 왜냐하면 나는 내가 그 주제에 관해 알지 못한다고 고백하기 때문이다."[40] 그는 그의 마지막 저작에서도 "나는 알지 못한다고 고백한다"라고 말하였다.[41] 그런데 종교개혁자 중에서 루터는 영혼유전설로 기울어졌고, 칼빈은 영혼창조설을 주장하였다.

5. 인간의 의지

레만(Paul Lehmann)은 아우구스티누스가 의지하는 것과 의지한

37 Portalié, *A Guide to the Thought of Saint Augustine*, 151.

38 Augustine, *Epistulae*, 190.5.18, OSA 11B:34-35.

39 Augustine, *On the Soul and Its Origin*, 1.26, NPNF 1, 5:326.

40 Ibid., 4.2, NPNF 1, 5:353.

41 Augustine, *Opus Imperfectum contra Julianum*, 2.178, quoted in Portalié, *A Guide to the Thought of Saint Augustine*, 151.

것을 행하는 능력을 구별했다고 말하였다.

> 의지가 의지하는 것과 의지한 것을 행하는 능력 사이의 이런 구별은 인간 의지 작용에 대한 아우구스티누스의 분석의 요점이다. 펠라기우스는 결코 이것을 보지 못한다. 그 결과로 그는 의지의 본성은 선택하는 능력이고, 하나님의 은총은 능력을 주는 작용을 하지 않는다고 주장하기를 계속한다. 반면에 아우구스티누스는 능력을 주는 은총의 작용 안에 의지적 선택의 자유로운 작용을 포함시킨다. 그에게 있어서 의지의 자유의 참된 작용은 선택하는 능력에 있는 것이 아니라 성취하는 능력에 있기 때문이다. 이 까닭에 그는 『영과 문자』 안에 있는 유명한 구절에서 "자연에 의해 은총이 부정되는 것이 아니라 은총에 의해 자연이 수리된다"라고 말할 수 있었다.[42]

제에베르크는 아우구스티누스에게 있어서 인간이 "자기 자신의 의지로 죄를 지을 자유는 그에게 남아 있다"라고 말하였다.[43] 켈리는 자유의지는 남아 있지만 잘못을 저지를 자유의지만 남아 있다고 해석하였다. "더욱이 아담 안에서의 우리의 타락의 부산물로서 우리는 죄를 피하고 선을 행할 수 있었던, 아담이 향유하였던

---

42 Paul Lehmann, "The Anti-Pelagian Writings," *A Companion to the Study of St. Augustine*, ed. Roy W. Battenhouse (Grand Rapids, Michigan: Baker Book House, 1979), 217.

43 Seeberg, *Textbook of the History of Doctrines*, 1:344.

저 자유(*libertas*)를 잃었다. 그러므로 우리는 하나님의 은총 없이 죄를 피할 수 없으며, 한층 더 특별한 은총 없이는 선을 성취할 수 없다. 아우구스티누스가 이런 말을 한 것은 우리가 자유의지(*liberum arbitrium*) 자체를 박탈당했다고 말하려고 의도한 것은 아니었다. 그의 말은 때때로 이런 것을 시사한 듯하나 그의 정상적인 교리는 우리가 우리의 자유의지를 그대로 보유하고 있지만 우리가 중생하지 못한 상태에서 그 자유를 쓰는 유일한 용도는 잘못을 저지르는 것이라는 것이다. 이런 뜻에서 그는 '죄를 지을 잔인한 필연성이' 인류에게 남겨져 있다고 말할 수 있었다."[44] 이처럼 켈리는 자유와 자유의지를 구별했다. "우리는 그가 자유의지(*liberum arbitrium*)와 자유(*libertas*)를 구별한 것을 상기해야 한다. 자유는 선한 일을 하는 자유의지이며 그리고 죄와 유혹으로부터 해방된 사람은 완전한 의미에서 자유롭다. 그는 하나님께서 원하시는 삶을 살 만큼 자유롭다. 아담이 누렸던 자유의 첫 단계는 죄를 짓지 않을 수 있는 능력이다. 자유의 절정의 단계는 하늘에서 누릴 것인데, 죄를 지을 수 없는 무능력이다. 이런 의미에서 은혜와 자유 사이에는 대립이 있을 수 없을 뿐만 아니라 은혜가 자유를 부여한다. 인간의 자유의지는 하나님께 가장 완전하게 복종할 때 가장 완전하게 자유의지가 된다. 참된 자유는 그리스도의 봉사에 있기 때문이다."

---

44 Kelly, *Early Christian Doctrines*, 365.

아우구스티누스는 인간의 비참함을 주장하였다. "우리는 영혼에 짐이 되는 이 부패한 육체 안에서 비참한 삶을 살고 있다."[45] 또 아우구스티누스는 인간의 죄성을 주장하였다. "사람은 거짓과 죄 이외에 아무것도 가지고 있지 않다."[46] 그는 인간이 하나님의 도움 없이 선을 할 수 없다고 말하였다. "내가 당신에게 하나님의 도움 없이 당신은 아무것도 못 한다고 말할 때 그것은 선한 아무것도 못 한다는 뜻이다. 왜냐하면 당신은 하나님의 도움 없이 악하게 행할 선택의 자유를 가지고 있기 때문이다."[47] 또한 아우구스티누스는 "우리는 아담의 죄에 의해 자유의지가 인간들의 본성으로부터 없어졌다고 말하지는 않는다. 그러나 자유의지가 악마에게 종속되어 인간들 안에서 죄를 지으며, 인간의 의지 자체가 하나님의 은총에 의해 자유롭게 되지 않는다면 자유의지가 선하고 경건한 삶을 살 수 없다고 말한다"[48]고 하였다.

아우구스티누스는 의지와 능력은 서로 다른 것이라고 말하였다. "우리가 능력의 본성을 주의 깊게 살펴본다면, 답을 찾는 데 도움이 될 것이다. 의지와 능력은 서로 다른 것이다. 의지가 반드시 능력을 의미하는 것도 아니며, 능력이 반드시 의지를 의미하는 것도 아니

---

45 Augustine, *On the Gospel of St. John*, 124.5, NPNF 1, 7:449.

46 Ibid., 5,1, NPNF 1, 7:31.

47 Augustine, *Sermones*, 156.11.12, quoted in Portalié, *A Guide to the Thought of Saint Augustine*, 195.

48 Augustine, *Against Two Letters of the Pelagians*, 2.9, NPNF 1, 5:395.

다. 우리는 때때로 우리가 할 수 없는 것을 의지하고, 또 우리는 때때로 우리가 의지하지 않는 것을 할 수 있다."[49] 이런 아우구스티누스의 본문들을 살펴볼 때 아우구스티누스가 말하려고 했던 것은 인간은 자유의지를 가지고 있으나 그 자유의지로 선을 행하는 것이 아니라 악을 행한다는 것이었다고 할 수 있다.

6. 구원의 주체

아우구스티누스가 구원에 있어서 신인협동설을 주장했는가 하는 것은 논쟁되어 온 문제이다. 포르탈리에는 아우구스티누스는 신인협동설을 주장했다고 말하였다. "의로운 행위는 심지어 초자연적 행위도 인간과 하나님의 작업이다."[50] 포르탈리에는 또한 이렇게 말하였다. "아무 곳에서도 아우구스티누스는 (은총을) 더 강한 자에 의해 더 약한 자에게 가해지는 불가항력적 추진력으로 표현하지 않았다. 그것은 항상 달래고 설득하려 하는 한 호소, 한 초대이다."[51] 그러나 레만은 아우구스티누스의 입장을 이렇게 정리하였다. "우리가 우리 의지의 자유에 의해 하나님과 협동하는

49 Augustine, *On the Spirit and the Letter*, 53, LCC 8:237.

50 Portalié, *A Guide to the Thought of Saint Augustine*, 198.

51 Ibid., 203.

것이 아니라 하나님이 은총의 선물에 의해 우리와 협동한다."[52]

아우구스티누스가 신인협동설을 주장한 구절은 많이 있다. 아우구스티누스는 "당신이 양에게 초록색 나뭇가지를 보여 줌으로써 당신은 그 양을 끈다. 밤을 한 어린이에게 보여 주면 그의 마음이 끌린다. 인간은 자기가 지향하는 것에 의해 마음이 끌리며, 그것을 사랑함으로써 마음이 끌린다"[53]고 말하였다. 그리고 아우구스티누스는 이렇게 말하였다. "하나님의 자비가 없다면 인간의 의지 그 자체로는 충분하지 않다. 마찬가지로 인간의 의지가 없다면 하나님의 자비 그 자체로는 충분하지 않다."[54] "'원하는 자로 말미암음도 아니요 달음박질하는 자로 말미암음도 아니요 오직 긍휼히 여기시는 하나님으로 말미암음이니라.' 이 구절은 전체 과정이 하나님께 달려 있으며, 하나님은 의지가 하나님의 도움을 받아들이도록 준비하시기도 하고, 이렇게 준비된 의지를 도우시기도 하신다는 것을 의미하는 것으로 이해되어야 한다."[55] 이런 구절들을 볼 때 아우구스티누스는 신인협동설을 주장하였다. 그러나 바로 앞의 구절을 보면 하나님의 은총에 주도권을 주고 있음을 볼 수 있다.

그러나 이것을 신인협동설이라고 한다면 루터나 칼빈 같은 종교개혁자들도 신인협동설을 주장하였다고 말해야 할 것이다.

---

52 Lehmann, "The Anti-Pelagian Writings," 224.

53 Augustine, *On the Gospel of St. John*, 26.5, NPNF 1, 7:170.

54 Augustine, *Enchridion*, 10.32, LCC 7:358.

55 Ibid.

칼빈은 『기독교 강요』에서 회심을 다음과 같이 정의하였다.

> 참으로 나는 하나님을 향한 회심의 전체는 '회개'라는 용어 아래 이해되며 신앙은 회심의 중요 부분이라는 사실을 알고 있다. 그러나 무슨 의미로 이것이 그러한지는 그것의 힘과 본질이 설명될 때 매우 쉽게 나타날 것이다. '회개'에 대한 히브리어 단어는 회심 혹은 돌아섬으로부터 유래되며 헬라어는 마음이나 의도의 변화로부터 유래된 것이다. 그리고 그 일 자체가 두 단어의 어원에 일치한다. 그 의미는 우리가 우리 자신으로부터 떠나서 하나님에게로 향하며 우리의 이전의 정신을 벗어버리고 새것을 입는다는 것이다. 이 때문에 내 판단으로는 회개는 다음과 같이 잘 정의될 수 있을 것 같다. 즉, 그것은 하나님을 향한 진실한 전향, 즉 하나님에 대한 순수하고 진지한 두려움으로부터 일어나는 전향이다. 그리고 그것은 우리의 육과 옛사람의 죽임과 성령의 소생으로 이루어진다.[56]

칼빈은 예레미야 주석에서 "우리는 회개는 성령의 일이라고 결론을 내린다"[57]고 말하였다. 이런 점에서 칼빈은 교황주의자들을 비판하였다. "우리는 교황주의자들이 회개에 대해 말할 때 인간은 그 자신의 자유의지를 통해 하나님에게로 돌아간다고 주장하는데,

---

56 Calvin, Inst. 3.3.5.

57 Calvin, Comm. Je. 31:18.

그들이 얼마나 눈먼 자들인지를 안다. 이 점에 오늘날 그들에 대한 우리의 가장 큰 논쟁이 걸려 있다."[58] 칼빈은 예레미야 31장 19절, "내가 돌이킴을 받은 후에 뉘우쳤고"라는 말씀을 주석하면서 "이 의미는 인간들은 하나님이 그들의 지성을 조명하고 그들의 심정을 변화시키기까지 결코 죄에 대한 참된 증오를 가지지 못한다는 것이다. 예언자가 말하는 돌이킴 혹은 회심은 무엇인가? 그것은 지성과 심정의 갱신이다" 하고 말하였다. 또한 칼빈은 예레미야 31장 18절 주석에서 "예언자가 '나를 돌이키소서 그리하시면 내가 돌아오겠나이다'라고 말할 때 이것을 증거한다. 그는 인간들은 하나님이 그들에게 그들의 죄들을 상기시켜 줄 때 참으로 돌아서나 그들이 그들 자신의 힘으로 이것을 하는 것이 아니라고 말한 것 같다. 왜냐하면 그것은 성령의 고유한 일이기 때문이다"라고 말하였다. 요컨대 칼빈도 하나님의 돌이키심과 우리의 돌이킴을 동시에 말하고 있다. 그런 점에서 "우리가 우리 의지의 자유에 의해 하나님과 협동하는 것이 아니라 하나님이 은총의 선물에 의해 우리와 협동한다"는 레만의 해석은 아우구스티누스에 대한 해석인 동시에 칼빈에 대한 해석이라고 할 수 있을 것이다.

58 Calvin, Comm. Je. 31:19.

7. 득의

아우구스티누스는 득의를 의롭다 하는 것과 의롭게 되는 것으로 이해한다. 우선 아우구스티누스는 『영과 문자』에서 의롭다 함을 받는 것을 의롭게 되는 것으로 이해하고 있다.

> "의롭다 함을 받는다"는 단어는 '의롭게 만들어진다는 것'과 동의어이다. 즉, 불경건한 자를 의롭다 하는 그 분에 의해 의롭게 만들어지는 것이다. 이는 불경건한 자가 의롭게 되게 하기 위한 것이다.[59]

그런데 아우구스티누스는 한편으로는 의롭다 함을 받는다는 것을 의롭다고 간주된다는 뜻으로 이해하기도 하였다. "여기서 '의롭다 함을 받을 것이다'는 '의롭다 여겨질 것이다', '의롭다 간주될 것이다'를 뜻한다고 우리는 생각해야 한다. 누가복음에 기록된 것처럼 율법사가 '자기를 옳게 보이려고', 즉 의롭다 여겨지거나 의롭다 간주되려고 한 경우와 같다."[60] 아우구스티누스는 다른

---

59 Augustine, *On the Spirit and the Letter*, 45, LCC 8:228. "The Word 'justified' is equivalent to 'made righteous' — made righteous by him, who justifies the ungodly, so that he who was ungodly becomes righteous."

60 Ibid., LCC 8:229 "Alternatively, we must suppose that 'shall be justified' here means 'shall be held just', 'shall be accounted just'; as in the case of the lawyer in Luke of whom we read, 'and he, willing to justify himself...', that is, with a view to being held or accounted just."

곳에서 이렇게 말하였다. "의롭다 함을 받지 않은 사람이 어떻게 의롭게 살 수 있는가? 성화되지 않은 사람이 어떻게 거룩하게 살 수 있는가?", "은총이 의롭다 하는 것은 의롭다 함을 받은 사람이 의롭게 살도록 하기 위한 것이다. 그러므로 은총이 먼저 오고 그다음으로 선행이 온다."[61]

루터는 1517년 5월 18일 그의 친구 랑(Johannes Lang)에게 보낸 편지에서 "우리 신학과 성 아우구스티누스가 많은 진전을 보이고 있으며, 하나님의 도움으로 우리 대학교를 지배하고 있습니다"[62]라고 하였다. 그러나 루터는 후에 그의 자서전적 단편에서 이렇게 말하였다.

> 후에 나는 아우구스티누스의 『영과 문자』를 읽었는데, 거기서 나는 내 기대에 반하여 그도 역시 하나님의 의를 비슷한 방식으로, 즉 하나님이 우리를 의롭다 할 때 하나님이 우리에게 옷 입혀 주는 의로 해석하고 있음을 발견하였다. 이것이 지금까지 불완전하게 언급되어 왔으며 그리고 그가 전가(imputation)에 관한 모든 것을 분명하게 설명하지 않았지만, 그가 우리가 의롭다 함을 받는 하나님의 의를 가르친 것은 기쁜 일이었다. 나는 이런 사상들로 더욱 완전히 무장하여 두 번째로 『시편』을 해석하기 시작하였다.[63]

---

61 Augustine, *To Simplician — on Various Questions*, LCC 6:388.
62 Luther, "Letter to John Lang" (May 18, 1517), LW 48:42.

또한 루터는 이렇게 말하기도 하였다. "아우구스티누스는 모든 스콜라학자보다 바울의 의미에 더 접근하였다. 그러나 그는 바울에게 도달하지는 못하였다. 처음에 나는 아우구스티누스를 그대로 받아들였으나, 그러나 바울을 향한 문이 활짝 열렸고 내가 이신득의가 사실상 무엇인지 알았을 때 그것은 아우구스티누스와 불일치하였다."[64] 루터는 시편 주석에서 득의의 두 부분에 대하여 이렇게 말하였다.

> 이것들이 득의의 두 부분이다. 첫째는 그리스도를 통해 계시되는 은총이다. 즉, 그리스도를 통해 우리가 은혜로운 하나님을 가지는 것이다. 그래서 죄가 더 이상 우리를 고발할 수 없다. 우리의 양심은 하나님의 자비에 대한 신뢰를 통해 평화를 발견하였다. 두 번째 부분은 성령과 함께 성령의 은사들을 수여하는 것이다. 성령은 영과 육의 부정에 거슬러 우리를 조명한다(고후 7:1).[65]

요컨대 루터는 득의의 두 부분을 구별하였다. 그런데 루터가 보기에 아우구스티누스는 득의의 두 부분을 충분히 구별하지 못하였던 것 같았다. 루터는 아우구스티누스와는 달리 득의의 두 부분을

---

63 Luther, *Preface to the Complete Edition of Luther's Latin Writings*, LW 34:337.

64 Quoted in Timothy George, *Theology of the Reformers* (Nashville, Tennessee: Broadman Press, 1988), 68.

65 Luther, *Commentaries on Psalms*, 51:2 (1532), LW 12:331.

구별함으로써 후에 멜랑히톤이나 칼빈이 득의(justification)에서 신생(regeneration)이나 성화(sanctification)를 구별하는 것과 같은 일을 시작하였다. 이것은 후에 웨슬리(John Wesley)가 칼빈주의와는 달리 신생(regeneration)에서 성화(sanctification)를 구별해 낸 일과 유사한 것이었다.

8. 예정

아우구스티누스가 이중 예정론을 주장하였는가 하는 문제는 논쟁되어 온 문제이다. 보너는 아우구스티누스가 이중 예정을 주장하였다고 해석하였다. "이 소극적 의미로 아우구스티누스는 일종의 유기로의 예정을 가르친다. 그러나 그의 교리는 확실히 칼빈주의는 아니다"라고 보너는 말하였다.[66] 그러나 모즐리(J. B. Mozley)는 아우구스티누스의 교리는 본질적으로 칼빈의 교리와 동일하다고 주장하였다.[67] 베철(James Wetzel)은 아우구스티누스가 유기를 가르쳤다고 주장하였다. "만일 아우구스티누스가 예정의 이 면을 유의하였더라면 죄에 대한 인간의 책임에 대해 중요한 것을 말했을

---

66 Bonner, *St. Augustine of Hippo*, 389.

67 J. B. Mozley, *A Treatise on the Augustinian Doctrine on Predestination*, 2nd ed., 266 n1, 393-409, cited by Bonner, ibid., 386.

것이나 그는 이에 대해 아무것도 말하지 않았다. 그것은 그로 하여금 유기라고 하는 무시무시한 교리로 돌아가게 했다고 나는 생각한다."[68] 그러나 포르탈리에는 아우구스티누스가 반펠라기우스주의자들과 예정론자들 중간에 서 있다고 말하면서 이중 예정을 주장하지 않았다고 주장하였다.[69] 그러나 『영혼과 그 기원에 관하여』를 보면 분명히 이중 예정을 주장하고 있다.

> 한 사람 때문에 아담에게서 태어나는 모두는 그리스도 안에서 다시 태어나지 않는다면 정죄를 받는다. 가장 자비로운 은총의 수여자이신 하나님은 영생으로 예정된 자들이 육체 안에서 죽기 전에 중생하게 하신다. 반면에 그가 영원한 죽음으로 예정한 자들에게 그는 가장 의로운 형벌의 집행인이시다. 이는 그들이 자신의 의지로 지은 죄들뿐만 아니라 원죄—유아들의 경우 원죄에 아무것도 보태지 않았지만—때문이기도 하다.[70]

보너는 칼빈이 타락 전 예정설을 주장한 데 반해 아우구스티누스는 타락 후 예정설을 주장했다고 말하였다. "칼빈은 전문적 용어로

68 James Wetzel, "Predestination, Pelagianism, and foreknowledge," *The Cambridge Companion to Augustine*, ed. Eleonore Stump and Norman Kretzmann (Cambridge: Cambridge University Press, 2001), 56.

69 Portalié, *A Guide to the Thought of Saint Augustine*, 214.

70 Augustine, *On the Soul and Its Origin*, 4.16, NPNF 1, 5:361.

말하면, 그의 가르침에 있어서 타락 전 예정론자이다. 그는 선택과 유기에 관한 하나님의 결정은 타락에 기인하는 것이 아니라 타락 전에, 타락과 무관하게 이루어졌다고 주장한다. 반면에 아우구스티누스의 교리는 타락 후 예정설이다. 우리는 정죄를 받는데, 그 까닭은 자유의지의 오용에 의해 죄를 지은 아담 안에서 우리가 타락하였기 때문이다."[71] 그러나 칼빈이 아우구스티누스와는 달리 타락 전 예정설을 주장하였는가 하는 문제는 논쟁되는 문제이다. 칼빈 연구가들 사이에는 칼빈이 타락전 예정설을 주장하였다고 말하는 학자들이 있는 반면, 칼빈이 타락 후 예정설을 주장하였다고 말하는 학자들도 있다. 이 문제에 대해 바르트는 신중하게 다음과 같이 말하였다.

> 칼빈 자신이 타락 전 예정론자로 주장될 수 있음을 입증하기란 어렵다. … 하긴 그의 기본적 정의는 (『강요』 2.21.5) 이런 의미로 이해될 수 있다. … 그러나 그가 칼빈 이후의 논쟁에서 표현된 대립되는 양자를 명확하게 생각하였는지 판단하기란 어렵고 나아가서 불가능하다.[72]

---

71 Bonner, *St. Augustine of Hippo*, 387.

72 Karl Barth, *Church Dogmatics*, trans. G. W. Bromiley (Edinburgh: T. & T. Clark, 1980), II/2:127.

아우구스티누스가 조건적 선택을 주장하였는가 무조건적 선택을 주장하였는가 하는 문제에 관해서는, 초기에는 조건적 선택을 주장하였으나 후기에는 무조건적 선택을 주장하였다고 할 수 있다. 389~396년에 쓴 『83가지 질문』에서 그는 이렇게 말하였다. "의지가 선행하지 않는다면 하나님은 자비를 베풀지 않을 것이다." 또한 그는 하나님이 어떤 사람에게는 자비를 베풀고 어떤 사람은 배격하는 이유는 전자의 경우 "가장 숨은 공적들" 속에 있는데, 이는 하나님이 불의하지 않기 때문이라고 하였다.[73] 그러나 로마서를 연구한 후 이런 자기의 이론을 수정하였다. 그는 이렇게 말하였다. "선행에 근거한 선택은 있을 수 없다."[74] "야곱이 그 자신의 공로적인 행위들 없이 약속을 받았듯이 에서도 미움을 받을 악을 행하지 않았지만 미움을 받았다."[75]

9. 은총의 능력

아우구스티누스가 은총의 불가항력성을 주장하였는가 하는 것도 논쟁되는 문제이다. 포르탈리에는 아우구스티누스에게 있어

73 Augustine, *On 83 Questions*, 68.5.4, cited by Seeberg, *Textbook of the History of Doctrines*, 1:339.

74 Augustine, *To Simplician — on Various Questions*, LCC 6:390.

75 Augustine, *To Simplician — on Various Questions*, LCC 6:391.

서 "효과적인 은총은 오류 없이 작용하지만, 결코 불가항력적인 추진력에 의해 작용하는 것은 아니다"라고 말하였다.[76] 그러나 하르낙은 아우구스티누스에게 있어서 은총은 불가항력적이라고 하였다.[77] 아우구스티누스의 저작을 보면 아우구스티누스는 초기에는 은총을 거부할 수 있다고 주장하였으나 후기에는 은총의 불가항력성을 주장하였다.

아우구스티누스는 펠라기우스주의 논쟁의 시초에(412) 이렇게 가르쳤다. "하나님의 부름에 우리가 동의하는 것이나 거절하는 것은 우리 자신의 의지에 속한다."[78] 415년에는 이렇게 말하였다. "의로운 행위를 함에 있어서 필연의 속박은 없다."[79] 그러나 후기에 그는 하나님의 주권을 주장하였다. "틀림없이 하나님은 하나님이 기뻐하는 대로 인간들의 마음들을 돌리는 가장 전능한 힘을 가지고 있다."[80] 또한 그는 이렇게 말하였다. "하나님은 인간들이 자신들의 의지를 지배하는 것보다 더욱 인간들의 의지를 지배한다."[81] "하나님이 자신이 뜻하는 사람들의 악한 의지들을 하나님이 뜻하시는 때에 그리고 하나님이 뜻하시는 곳에서 선으로 돌릴 수 없다고

---

76 Portalié, *A Guide to the Thought of Saint Augustine*, 198.

77 Adolph Harnack, *History of Dogma*, 7 vols., trans. Neil Buchanan (Gloucester, Mass., Peter Smith, 1976), 5:209.

78 Augustine, *On the Spirit and the Letter*, 60, LCC 8:245.

79 Augustine, *On Nature and Grace*, 78, NPNF 1, 5:149.

80 Augustine, *On Rebuke and Grace*, 45, NPNF 1, 5:489.

81 Ibid., NPNF 1, 5:490.

말하는 것은 불경건하고 어리석게 말하는 것이 아닌가?"[82] 그는 또 "우리가 알기로 은총은… 어른들에게 행위마다 주어진다"[83] 하고 말하였다.

10. 선택의 효력

아우구스티누스는 후기에 와서 지상에서의 그리스도인의 완전을 부정하였다. 그는 펠라기우스주의자들에 대해 이렇게 말하였다. "그들은 어떤 사람들이 자기들의 이성을 사용하여 이 지상에서 죄 없이 살았고 또 살고 있다고 말한다."[84] 그는 415년까지 하나님의 은총에 의해서라면 죄 없는 의인들이 있다는 주장을 용인하였다. "우리는 유행에 따라 이 견해를 가진 자들을 용인할 수 있다."[85] 그러나 415년 이후에는 의인은 은총의 도움으로 죄 없이 산다는 명제를 부정하였다.[86] 펠라기우스주의자들은 "절대적으로 죄가 없는 의인들이 현세에 있거나 있었다고 주장"하지만, 이것은 "우리

---

82 Augustine, *Enchiridion*, 25.98, LCC 7:396.

83 Augustine, *Epistolae*, 217.5.16, OSA 11b:272.

84 Augustine, *On Forgiveness of Sins, and Baptism*, 3.23, NPNF 1, 5:78.

85 Augustine, *Epistolae*, 157.2.4, OSA 11A:208. "Sed isti utcumque tolerandi sunt, quando dicunt vel esse vel fuisse hic alium, praeter summum Sactum sanctorum, qui nullum haberet omnino peccatum."

86 Cf. Portalié, *A Guide to the Thought of Saint Augustine*, 194.

죄를 사하여 주옵시고"라고 하는 주기도와 배치된다고 하였다.[87]

이처럼 아우구스티누스는 지상에서의 그리스도인의 완전을 부정하였지만 성도의 견인은 주장하였다. 아우구스티누스는 "그러므로 나는 우리가 그리스도 안에 끝까지 보존되는 견인은 하나님의 은사라고 주장한다"[88]고 말하였다.

11. 결언

아우구스티누스는 로마가톨릭교회와 프로테스탄트교회가 다 존경하는 신학자이다. 그래서 로마가톨릭 진영에서는 아우구스티누스를 로마가톨릭적으로 해석해 왔고, 프로테스탄트 진영에서는 그를 프로테스탄트적으로 해석해 왔다. 그러나 1999년 10월 31일 로마가톨릭교회와 루터교회가 득의론에 관한 공동 선언을 발표함으로써 아우구스티누스를 이 공동 선언의 빛에서 볼 수 있게 되었다.

아우구스티누스는 처음 창조된 인간은 불멸의 가능성을 가지고 있었으며, 영적인 존재로 변화되기로 되어 있었다고 말했다. 루터도 아우구스티누스를 따라 아담은 영적인 존재로 변화되기로 되어 있었다고 말했다. 그런데 아우구스티누스는 인간이 타락함으로써

---

87 Augustine, *Against Two Letters of the Pelagians*, 4.27, NPNF 1, 5:429.

88 Augustine, *On the Gift of Perseverance*, 1, NPNF 1, 5:526.

육체의 죽음과 영혼의 죽음이 왔다고 보았다. 그러나 아우구스티누스는 인간은 타락에도 불구하고 신적 이미지의 어떤 자취를 보유하고 있다고 보았다. 칼빈도 인간이 타락한 후에도 인간 안에 하나님의 형상이 남아 있는 자취들이 있다고 말했다. 결국 창조된 인간과 타락된 인간의 상태에 대한 가르침에 있어서 종교개혁자들은 아우구스티누스를 따랐다.

아우구스티누스는 원죄와 욕망을 동일시했다는 해석도 있지만 아우구스티누스의 본문들을 면밀히 검토해 보면 원죄와 욕망을 구별했음을 알 수 있다. 세례를 받음으로 원죄는 없어지지만, 욕망은 남아 있다고 말한 것으로 보아 원죄는 유죄성을 가리키고 욕망은 죄를 지을 경향성을 가리킨다고 할 수 있을 것 같다. 아우구스티누스가 성적 욕망과 원죄의 유전을 상호 관계시키지 않았다는 주장도 있지만 아우구스티누스의 본문을 살펴보면 이 둘을 관계시키고 있음을 알 수 있다. 아우구스티누스는 영혼의 기원에 관해 영혼창조설과 영혼유전설 사이에 동요하였다. 그는 영혼창조설을 주장하고 싶었지만, 원죄의 유전 문제 때문에 영혼창조설을 주장하기를 주저했던 것 같다.

인간의 의지 문제에 관해 아우구스티누스는 인간에게 선택할 자유가 있지만 인간은 항상 선을 선택하기보다 악을 선택한다고 주장하였다. 그리고 인간 구원에 있어서 아우구스티누스가 협동설을 주장하였으나, 하나님이 주도권을 가지고 인간이 따라가는 형식의 협동설을 주장했다고 말할 수 있다. 아우구스티누스는 득의를 의롭다 인정하는 것과 의롭게 되는 것 모두에 대해 사용하였다. 루터도 득의의 양면성을 주장하고 있으므로 이 문제에 있어서 아우구스티누스와 루터는 크게 다르지 않았다고 말할 수 있다.

예정의 문제에 있어서 아우구스티누스가 영원한 죽음으로 예정한 자들에 대해 언급한 것으로 보아 이중 예정을 주장했다고 할 수 있다. 그는 초기에는 조건적 선택을 주장하였으나 후기에는 무조건적 선택을 주장함으로써 입장의 변화를 보여 주었다. 그리고 초기에는 은총을 거부할 수 있다고 가르쳤으나 후기에는 불가항력적 은총을 가르쳤다. 또한 그는 초기에는 그리스도인의 완전을 주장하였으나 후기에는 현세에서의 그리스도인의 완전을 부정하였다. 그러나 그는 성도의 견인은 주장하였다.

이 장을 통해 아우구스티누스와 종교개혁자들의 사상이 크게 다르지 않음을 볼 수 있었으며, 아우구스티누스를 매개로 로마가톨릭과 프로테스탄트 사이에 더 깊은 대화가 가능함을 추론하게 되었다.

6장
교회론

1. 서언

아우구스티누스의 신학 사상이 교회에 미친 영향이 광범하지만, 그중에서도 그의 교회론의 영향은 실로 지대했다. 어떻게 보면, 신학사에서 교회론에 대한 관심이 다른 교리에 비해 상대적으로 약했기 때문에 교회론에 관심을 둔 키프리아누스, 아우구스티누스, 칼빈과 같은 몇몇 신학 사상가들의 역할이 상대적으로 중요했다고 할 수 있을 것이다. 그래서 "아우구스티누스는 은총의 박사뿐만 아니라 교회의 박사라고도 불릴 만하다"[1]고 한, 쉬페히트(Specht)의 평은 적절하다고 하겠다.

---

1 Specht, *Die Einheit der Kirche*, 1, quoted in, Eugéne Portalié, *Aguide to the Thought of Saint Augustine*, trans. Ralph J. Bastian (Westport, Conn.:Greenwood Press, Publishers, 1975), 230.

로마가톨릭과 프로테스탄트 모두 아우구스티누스의 교회론을 높이 평가하고 자신들의 교회론의 뿌리를 아우구스티누스에게서 찾아왔다. 로마가톨릭은 아우구스티누스에 근거해서 프로테스탄트의 교회론은 비판해 왔고, 프로테스탄트도 아우구스티누스에 근거해서 로마가톨릭의 교회론을 비판해 왔다. 왜 같은 아우구스티누스의 교회론에 근거한 로마가톨릭과 프로테스탄트가 서로 비판해 왔는가? 아우구스티누스의 교회론에 대한 로마가톨릭의 해석은 어떠하며 또한 프로테스탄트의 해석은 어떠한가? 이 해석의 차이는 어디에서 생긴 것인가? 아우구스티누스의 교회론 안에 상호 모순되는 두 주장이 있는 것인가? 아니면 로마가톨릭이나 프로테스탄트 중 어느 한 편에서 아우구스티누스의 교회론을 잘못 해석한 것인가? 우리는 이런 물음을 가지고 아우구스티누스의 교회론을 살펴보고자 한다.

2. 역사적 배경

아우구스티누스의 교회론은 도나투스파와의 논쟁 중에 확립되어 갔다. 그래서 아우구스티누스의 교회론을 이해하기 위해서는 도나투스파의 주장과 운동을 파악해야 한다. 도나투스파는 정치적, 사회 · 경제적, 종교적 맥락 전반을 파악해야 바로 이해할 수 있다. 도나투스파의 발생지는 카르타고이다. 카르타고는 로마와의 3차에 걸친 포에니 전쟁에서 패배함으로써 로마제국에 병합되었지만, 지역적 의식이 강하게 남아 있었다. 카르타고의 저명한 신학자 테르툴리아누스는 예루살렘과 아테네가 무슨 관계에 있느냐[2]고 말하고 기독교의 사회적 활동을 부정하리만큼 이 세상적인 것과 기독교적인 것을 엄격히 구별했다.

이런 반세상적인 경향은 기독교가 로마 정부에 의해 박해를 받고 있었기 때문에 더 강하게 나타났다. 카르타고가 중심이 되는 아프리카의 반로마적 경향과 박해하는 제국에 대한 기독교의 반제국적 경향이 결합되어 아프리카의 교회는 더욱 반세상적이 되었다고 볼 수 있다. 그러나 312년 콘스탄티누스가 막센티우스에게 승리함으로써 서로마를 지배하게 되고, 기독교에 대해 관용 정책을 쓰게 됨으로써 아프리카의 교회는 새로운 국면을 맞게 되었다. 알렉산드리아 전통에 속한 교회사가 유세비오스가 콘스탄티누스의 통치를 이상화한 것[3]과는 달리, 카르타고 전통에 속한 신학자들은 이 새 통치에 대해 유보적인 입장을 취했다.[4] 기독교에 우호적인 황제에 대해 그리스도인들은 어떤 태도를 가져야 하는가? 황제와 교회는 어떤 관계에 있어야 하는가? 이것이 이 시기 아프리카 교회에 있어서 가장 중요한 문제 가운데 하나였다.[5] 바로 이렇게

---

2 Tertullian, *The Prescriptions against the Heretics*, 7, LCC 5:36.

3 Eusebius, *Church History*, 10.9, NPNF 2, 1: 386-387.

4 Cf. R. A. Markus, *Saeculum: History and Society in the Theology of St Augustine* (Cambridge: Cambridge University Press, 1977), 114f.

새로운 국면에 접어드는 시기에 역사적으로 중대한 사건이 일어났다.

303년 2월에 시작된 디오클레티아누스 황제의 박해는 전 로마 제국에 걸쳐 조직적으로 진행되었다. 이 박해 중에 순교자도 많이 나왔지만 배교자도 많이 나왔으며, 카르타고도 예외가 아니었다. 그런데 박해가 끝나고 난 다음 312년 카르타고의 감독이던 멘수리우스가 죽고, 대집사였던 케킬리아누스가 장로들에 의해 감독으로 선출되고 교인들이 이에 동의했다. 그러나 카르타고의 엄격파들은 케킬리아누스와 그의 전임자인 멘수리우스가 박해 중 배교한 자들에 대해 관용 정책을 썼다는 이유로 그들을 좋아하지 않았다.[6] 그들은 312년 누미디아에서 온 약 70명의 감독들의 도움으로 카르타고에서 교회 회의를 개최했는데, 여기서 케킬리아누스에게 안수한 감독 중 하나인 압퉁기의 감독 펠릭스는 배교자라고 정죄했으며, 카르타고의 분리파 교회의 감독으로 마요리누스를 뽑았다.

그런데 312년 말이나 313년 초, 막 기독교로 개종한 콘스탄티누스 황제는 아프리카에 있는 관리들에게 케킬리아누스를 지원해 주고, 재정적 도움을 주고, 그의 성직자들은 공공 의무에서 면제해 주라고 지시했다. 분파에서 즉시 케킬리아누스를 배교자라 비난하

---

5 Cf. W. H. C. Fred, *Martyrdom and Persecution in the Early Church* (New York: New York University Press, 1967), 394-395.

6 Herbert A.Deanc, *The Political and Social Ideas of St. Augustine* (New York: Columbia University Press, 1963), 175.

면서 황제에게 이 문제를 갈리아의 감독들의 재판에 회부해 달라고 청원했다. 그래서 황제는 3명의 갈리아 감독들을 임명하여 이 사건을 재판하게 했는데, 이 자리에서는 로마 감독 밀리티아데스가 사회를 맡고 15명의 이탈리아 감독이 배석했다.[7] 여기서 케킬리아누스의 무죄를 선언하고 그를 카르타고의 합법적 감독으로 인정했다. 314년에는 아프리카의 총독인 아룰리누스가 압퉁기의 펠릭스의 박해 중 행적을 조사한 결과 그 역시 무죄함이 드러났다.[8] 마요리누스파에서 다시 이의를 제기하여 314년 아를에 교회 회의를 소집하여 다시 그 문제를 다루었으나 케킬리아누스와 펠릭스는 무죄로 드러났고 고소자들은 파문되게 되었다. 316년 말, 황제는 케킬리아누스는 완전히 무죄하고 그의 적들은 무고자라고 선언했다. 그러나 324년 리키니우스와 전쟁하기 위해 아프리카의 안정이 필요하여 이 파에 대해 관용 정책을 쓰게 되었으며, 그 결과 이 파는 강화되게 되었다. 그런데 이 파는 313년부터 도나투스라는 사람이 이끌어가게 되었으며, 그는 316년에 감독이 되어 355년경 죽을 때까지 이 파의 지도자로 있었으며, 그에게서 도나투스파라는 이름이 나왔다.

도나투스파는 아프리카 교회 중 엄격파와 순수파에 매력을 주었으며 특히 누미디아의 촌락 지역에 사는 사람들에게 매력을 주었는데, 그들

7 Ibid., 176.

8 Ibid.

의 언어는 라틴어도 퓨닉어도 아니라 리비아어였다.[9] 그들은 로마 문화, 로마 군인, 관리, 세리, 로마인 지주에 적대적이었다. 그들에게 있어서 제국은 여전히 바벨론이고, 악마의 대리인이었다.[10] 그들이 보기에는 가톨릭교회는 로마 정부와 불가분하게 연결되어 있었으며, 도나투스파는 순교자들의 후손들이며 무신적인 폭군과 결코 타협하지 않는 교회의 구성원들이었다.[11] 그래서 딜리스톤(F. W. Dillistone)이 지적한 것처럼 도나투스파는 기독교적인 것보다는 더 아프리카적이었다고 할 수 있다.[12]

4세기 중엽부터 키르쿰켈리온들(Circumcellions)[13]이라고 하는 무장한 집단이 나타났는데 그들은 농민 출신이며 리비아어를 사용했다. 그들은 광신적인 도나투스파였으며 때로는 악명 높은 타무가디의 옵타투스와 같은 도나투스파 감독들의 지도를 받기도 했다. 그들의 이름과 그들의 전쟁 구호인 "하나님께 찬양을"(Deo laudes)

9 Ibid., 177.

10 Fred, 410-412.

11 Gerald Bonner, *St Augustine of Hippo: Life and Controversies* (Philadelphia: The Westminster Press, 1963), 238.

12 Frederick W. Dillistone, "The Anti-Donatist Writings," *A Companion to the Study of St. Augustine*, ed. Roy W. Battenhouse (Grand Rapids, Michigan: Book House, 1979), 179.

13 이 말은 *Circum cellas*, 즉 "성소들 주위"라는 말에서 유래했다. 아우구스티누스는 "그들은 키르쿰켈리오네스라고 불리는데, 그 이유는 그들이 성소들 주위에 배회하기 때문이다"(*Nam circumcelliones dicti sunt. quia circum cellas vagantur*)라고 말한다. *Expositions on the Book of Psalms*, 132:3. Cf. Bonner, 240.

이라는 말은 그들의 적들에게 공포가 되었다. 그들은 도나투스파에 대한 열정과 로마에 대한 반감과 로마화된 아프리카의 해안 지역에 대한 반감에 차서 가톨릭과 이교도들, 교회들, 주택들, 농장들을 공격했다. 즉, 그들의 증오는 종교적 반대자들뿐만 아니라 지주와 부유 계층에게도 나타났다. 그들의 불만은 종교적인 동시에 경제적이었다. 로마제국 말기의 비참한 생활 상태로 인해 이와 비슷한 소외 계층의 반란이 종종 일어났다. 후의 일이긴 하지만 435년에도 갈리아 지역에서 티바토라고 하는 사람이 제국에 대해 노예들의 반란을 일으켜 2년 동안 독립된 국가를 이루었다가 분쇄되기도 했다.[14]

347년과 348년 콘스탄스 황제 때 정부가 도나투스파 진압에 나섰다. 그들의 감독 중 어떤 사람들은 도피했으며, 어떤 사람들은 추방되었으며 많은 교회당이 차압되었다. 그들 중 많은 사람이 자살하거나 아니면 당국에서 자기들을 죽여 순교자가 되게 했다. 그러나 361년 배교자 율리아누스가 황제로 즉위하여 도나투스파를 관용했으며 아프리카에서 기독교를 약화시키기 위해 도나투스파를 후원해 주었던 것 같다. 그 결과 도나투스파는 가톨릭에 대해 다시 난폭하게 굴었다. 율리아누스 사후 기독교 황제들이 도나투스파를 탄압했으나 별로 성과를 거두지 못했다. 도나투스가 355년경 죽고 난 다음 파르메니아누스가 감독직을 계승했는데 그가 391년

---

14 Bonner, 242.

경 죽을 때까지 도나투스파는 더욱 강화되었다.

366년경 밀레비스의 가톨릭 감독인 옵타투스는 『도나투스 분파에 대하여』(*De schismate donatistarum*)라는 반도나투스파 책을 써서 가톨릭 입장을 변호하고 도나투스파를 비판했다. 이 저작은 후에 아우구스티누스가 도나투스파를 비판하는 데 있어서 많은 역사적 자료를 제공해 주었다.

392~395년 사이에 도나투스파 내에서 새로운 분열이 일어나 다수파인 프리미아누스파와 소수파인 막시미아누스파 사이에 극심한 싸움이 일어났다. 도나투스파는 순수성을 강조하여 일치의 이상을 버렸으므로 내적 분열의 가능성이 많았으며 이로 인해 약화될 가능성이 많았다.[15] 도나투스파의 이 내적 분열은 아우구스티누스에게 도나투스파를 공격할 좋은 무기를 제공해 주었다.

410년 황제는 마르켈리누스에게 카르타고로 가서 아프리카 교회의 분열 문제를 다룰 회의를 소집하라고 명했다. 411년 6월 1일 286명의 가톨릭 감독과 284명의 도나투스파 감독이 그 회의에 참석했다. 각 편에 7명의 토론자가 나왔는데, 아우구스티누스도 가톨릭의 토론자 중 하나로 나왔다. 토론 후에 마르켈리누스는 도나투스파에 패소 판결을 내리고 탄압을 시작했다. 다음 해 마르켈리누스가 반역죄에 연루되어 처형되긴 했으나 제국의 박해는 계속되었다. 그 결과 도나투스파의 성직자들과 평신도 중에 가톨릭교회

---

15 Dillistone, 179.

로 돌아오는 사람들도 다수 있었다. 어쨌든 이렇게 하여 도나투스파는 약화되어 갔으나, 후에 이슬람교도들이 아프리카로 침입해 왔을 때 그들은 별로 저항하지 않고 이슬람교도들을 받아들였다. 가톨릭 황제들의 강요에 못 이겨 가톨릭을 받아들였던 이들은 이슬람교도들의 강요에 쉽게 굴복해 버렸다. 이래서 한때 크게 번창하던 아프리카 교회는 쇠망하고 기독교는 버버(Berber) 민중의 역사에 있어서 하나의 에피소드에 불과하게 되었다.[16] 프렌드(W. H. C Frend)가 지적한 것처럼 이 사건은 "종교적 박해와 그리스도의 뜻은 양립할 수 없음"[17]을 보여 주었다.

아우구스티누스는 사제일 때(391~395) 이미 가톨릭교회 안에 있는 소박한 교인들에게 도나투스파의 기원과 오류를 이해시키기 위해 대중적인 시를 써서 읊게 했다. 395년 감독이 되면서 본격적인 싸움을 시작했다. 398년 『파르메니아누스 서신 반박』(*Contra Epistulam Parmeniani*)이라는 3권의 저작을 썼는데, 이것은 카르타고의 도나투스파 감독이었던 파르메니아누스가 같은 도나투스파인 티코니우스를 비판한 편지에 대해 답한 글로서 도나투스파에 대한 최초의 논쟁적 저작이다. 400년경에 7권으로 된 『도나투스파를 반박하는 세례론』(*De Baptismo Contra Donatistas*)을 썼는데, 이것은 도나투스파 논쟁에 있어서 아우구스티누스의 가장 중요한

---

16 Bonner, 275.

17 W. H. C. Frend, *The Early Church* (London: Hodder and Stoughton, 1968), 217.

저작이다. 제1권은 세례는 가톨릭교회 밖에서도 주어질 수 있지만 세례받은 자가 가톨릭교회 안으로 들어올 때까지는 유익을 주지 못함을 주장하며, 제2권 이하에서는 가톨릭과 도나투스파 양편에서 다 존경을 받는 키프리아누스에 대해 다루었다. 키프리아누스가 도나투스파처럼 재세례를 주장했음은 인정하지만, 교회의 일치를 보존하려고 했던 키프리아누스의 진지한 열망을 강조함으로써 도나투스파의 분열을 비판한다. 그 후에 3권으로 된 『페틸리아누스 서신 반박』(*Contra Litteras Petiliani*)을 썼는데, 이것은 키르타의 도나투스파 감독인 페틸리아누스의 서신에 답한 것으로 페틸리아누스의 주장을 조목조목 반박하고 있다. 405년경 『크레스코니우스 반박』(*Contra Cresconium*)이라는 저작을 썼는데, 이것은 페틸리아누스를 옹호하고 나선 도나투스파 평신도인 크레스코니우스를 반박한 것이다. 417년에는 아프리카의 호민관인 보니피티우스에게 보낸 『도나투스파의 교도에 대하여』(*De Correctione Donatistarum*)라는 저작을 썼으며, 420년에는 『가우덴티우스 반박』(*Contra Gaudentium*)을 썼다. 이들 저작 외에도 많은 서신과 설교에서 도나투스파에 대해 언급하고 있다.

하르낙(Adolph Harnack)은 아우구스티누스가 도나투스파와의 논쟁에서 문제를 해결하기보다 더 많은 문제를 남겼다고 말하지만,[18] 사실상 아우구스티누스는 이 논쟁에서 후대 교회가 따를

---

18 Adolph Harnack, *History of Dogma*, 7 vols., trans Neil Vuchanan (Gloucester,

교회론의 전형을 남겼다고 할 수 있다. 이 논쟁에서 아우구스티누스가 주장한 논점들이 궁극적인 해답은 아니었다고 할지라도 교회론의 확립에 크게 공헌한 것은 사실이다.

3. 교회의 본질

도나투스파에서는 교회는 성도들의 모임이었다. 그래서 거룩하지 않은 자들은 교회에서 배제되어야 했다. 교회의 정화가 불가능할 때 기존 교회와 결별하고 거룩한 자들만의 교회를 만들어야 한다고 생각했다. 아우구스티누스는 도나투스파의 이런 생각에 대해 니케아 신조에 표현된 "하나의 거룩한 가톨릭적이고 사도적인 교회"(*unam, sanctam, catholicam et apostolicam ecclesiam*)라는 구절에 대한 설명으로 대답했다.

첫째로 교회는 하나이다. 이 하나의 교회, 이 하나의 뿌리에서 단절된 자는 구원에 참여할 수 없다. "그리스도인의 일치성을 포용하지 않는 사람이 그리스도인의 사랑을 고백한다면 거기에 무슨 진실성이 있겠는가? … 그들은 가톨릭교회 안에 들어와 평화의 유대와 일치의 교제 속에서 사랑의 뿌리를 가지게 된다. … 그들이 뿌리와 결합하여 살지 않는다면 외양이야 어떠하든 불 속에 던져질

Mass.: Peter Smith, 1976), 5:142.

것이다."[19] "가톨릭교회만이 그리스도의 몸이여", "이 몸 밖에는 성령이 아무에게도 생명을 주지 않는다." 왜냐하면 일치에 반하는 사람은 신적 사랑에 반하고, 따라서 교회의 일치를 버린 사람에게는 성령이 역사하지 않기 때문이다.[20] 이렇게 볼 때 교회의 분열은 증오에 근거한 것이다. "자기 형제들에 대한 증오에 의해 눈이 어두워지지 않은 사람은 아무도 분열을 만들지 않을 것이다."[21] 나아가서 분열은 영적 살인이다. "분열의 칼에 의한 영적 살인으로 영혼의 피가 흐른다"[22]고 아우구스티누스는 말한다. 아우구스티누스는 성령의 사랑의 띠로 묶어진 하나의 교회라는 이미지에 압도되어 있었기 때문에 교회의 어떤 분열도 용납할 수 없었다. 교회의 정통 신앙을 버리고 자기 스스로 선택한 신앙을 따르는 이단들은 교회의 전제인 신앙의 일치를 파괴한 자들이며, 정통 신앙을 가지고 있지만 교회에서 분열된 분파들은 사랑의 일치를 파괴한 자들이다.[23] 이들은 다 성령의 역사 밖에 있으며, 가톨릭교회만이 유일한 교회이다. 아우구스티누스는 평화와 형제애로 하나가 된 교회를 열망했다. 딜리스톤이 평한 것처럼[24] 아우구스티누스는 인간들이

---

19 *The Letters of St. Augustine*, 51.2, NPNF 1, 1:318-319.

20 Augustine, *The Correction of the Donatists*, 11.50, NPNF 1, 4:651.

21 Augustine, *On Baptism*, 1.11.15, NPNF 1, 4:419.

22 Augustine, *Answer to Letters of Petilian*, 2.15.35, NPNF 1, 4:538.

23 Cf. Harnack, 5:146.

24 Dillistone, 199.

가슴속에 지니고 있는 독립하려고 하는 마음, 친근한 내적 집단을 가지려고 하는 마음, 그룹 역동성에 대한 갈망을 이해하지 못했는지 모른다. 그러나 그의 숭고한 교회적 이상은 그리스도의 사랑으로 충만한 하나의 공동체를 이루는 것이었다. 그래서 아우구스티누스는 도나투스파에게 보낸 한 서신에서 "왜 당신들은 주님의 옷들을 나누는 죄를 지으려 하는가? 왜 당신들은 주님의 처형자들도 찢지 않은 위로부터 통째로 짠 저 사랑의 옷을 전 세계와 함께 보존하려고 하지 않는가?"[25] 하고 절규하고 있다.

둘째로 교회는 거룩하다. 도나투스파는 무엇보다 교회의 거룩함을 주장했다. 그들은 전달해 주는 사제들이 순수할 때만 참된 교회일 수 있다고 보았다. "신앙 없는 자에게서 신앙을 받는 자는 신앙을 받는 것이 아니라 죄를 받는다"라고 페틸리아누스는 말했다.[26] 사제 자신이 소유하지 않은 것을 전해 줄 수 없다는 생각이었다. 그래서 참된 교회는 순수한 사제들을 필요로 하는데, 가톨릭교회는 배교자와 교제함으로써 거룩성을 상실했으며, 도나투스파만이 오염되지 않은 거룩한 교회라고 했다. 그러나 아우구스티누스는 우선 도나투스파 교회의 거룩함을 인정하지 않는다. 도나투스파 교회 안에는 키르쿰켈리온들의 망동이 있고, 술주정뱅이들이 있고, 옵타투스 길도나니우스와 같은 잔인한 감독이 있었다.[27] 그래서

---

25 *Letter* 76.1, NPNF 1, 1:343.

26 Petilian, 1.2.3, NPNF 1, 4:520.

도나투스파에 속한 사람들이 다 거룩한 것이 아니다. 도나투스파에서는 이런 비판에 대해 교회의 평화를 위해 그런 자들을 용납해 준다고 대답한다. 아우구스티누스는 이런 변론에 대해 이렇게 비판한다. "그러나 그들은 평화 때문에 그들을 용납한다고 말한다. … 여기서 그들은 자신들의 판정으로 자신들을 정죄한다. 왜냐하면 그들이 참으로 평화를 향한 그런 사랑을 느낀다면 그들은 결코 일치의 유대를 둘로 나누지 않았을 것이기 때문이다."[28] 그래서 아우구스티누스는 도나투스파가 가톨릭교회 안에는 배교 행위가 있었다고 하지만, 배교는 "이단이나 분파의 죄보다 훨씬 덜 악한"[29] 것이라 말한다. 이와 같이 아우구스티누스는 한편으로 도나투스파가 사실상 거룩하지 않음을 주장하면서 다른 한편으로는 교회의 거룩성에 대해 그 나름대로 해석한다. 아우구스티누스는 밀레비스의 옵타투스를 따라 교회의 거룩성은 그 성직자나 교인들의 인격 안에 있는 것이 아니라 성례를 소유한 데 있다고 보았으며, 성례는 성례를 집례하는 자들의 인격과는 전적으로 무관한 것으로 보았다.[30] 교회는 그리스도와의 연합을 통해, 성령의 활동을 통해 거룩하며 개체 구성원들을 성화시키는, 즉 그들을 사랑 안에서 완성하는

---

27 Ibid., 1.24.26, NPNF 1, 4:528.

28 Ibid., NPNF 1, 4:528.

29 Baptism, 3.2.3, NPNF 1, 4:437.

30 Ibid., 6.2.4, NPNF 1, 4:480. cf. A. C. McGiffert, *A History of Christian Thought*, 2 vols. (New York: Charles Scribner's Sons, 1950), 2:110.

방편들인 말씀과 성례로 인해 거룩하다. 또한 아우구스티누스는 성서에 나오는 밀과 가라지, 그물, 양과 염소, 좋은 나무와 나쁜 나무, 귀한 그릇과 천한 그릇을 가진 집의 비유를 사용하면서 현재의 교회는 선인과 악인의 혼합 공동체일 수밖에 없음을 주장한다. 현재는 이처럼 교회 안에 선인과 악인이 공존해 있으나 종말에는 나누어질 것이다. 교회는 종말까지 기다려야 한다. 물론 교회는 권징을 실시한다. 그러나 아우구스티누스에게 있어서 권징은 교회의 거룩함을 보존하기 위한 것이 아니라 그 구성원들을 교육하고 그들을 오염에서 보호하기 위한 것이었다.[31] 아우구스티누스는 도나투스파와 교회의 거룩성에 대해 논쟁하는 가운데 가시적 교회와 불가시적 교회의 구별이라는 입장을 발전시켰다.[32] "그러므로 이 하나님의 예지와 예정에 따라 얼마나 많은 양이 밖에 있으며, 얼마나 많은 이리가 안에 있는가!"[33] "그들은 안에 있는 것 같으나 저 보이지 않는 사랑의 띠에서부터 단절되어 있다."[34] 아우구스티누스에게 있어서 가시적 교회와 그리고 하나님으로부터 선택된 자들만의 불가시적 교회는 분리되는 것은 아니지만 구별되었다.

---

31 Petilian, 3.4.5, NPNF 1, 4:598-599.

32 Justo L. Conzález, *A History of Christian Thought*, 3 vols. (Nashville: Abingdon Press, 1983), 2:26.

33 Augustine, *Homilies on the Gospel of John*, 14.12, NPNF 1, 7:254.

34 Baptism, 3.19.26, NPNF 1, 4:445. Also cf. *St. Augustin's Christian Doctrine*, 3.32.45, NPNF 1, 2:569.

셋째로 교회는 보편적이다. 아우구스티누스가 보았을 때 도나투스파는 교회일 수가 없었다. 왜냐하면 그들은 사실상 아프리카에 국한되어 있기 때문이다. 아우구스티누스에게 있어서 교회는 로마와 동방교회들과의 연합에 의해 전 지구의 공동체들과의 연합에 의해 그 가톨릭성을 입증하는 곳에서만 존재할 수 있었다.[35] 아우구스티누스는 도나투스파에 대해 "내가 알기로 ὅλον은 '하나'라는 뜻이 아니라 '전체'라는 뜻이다. 그래서 καθ ὅλον은 '전체에 따른'이라는 뜻이다. 가톨릭교회는 '때와 기한은 아버지께서 자기의 권한에 두셨으니 너희의 알 바 아니요 오직 성령이 너희에게 임하시면 너희가 권능을 받고 예루살렘과 온 유대와 사마리아와 땅 끝까지 이르러 내 증인이 되리라'는 주님의 말씀에 따라 그 이름을 받았다. 여기에 '가톨릭'이라는 이름의 기원이 있다"[36]고 말한다. 그런 데 반해 도나투스파는 "가톨릭교회, 즉 모든 민족의 일치성으로부터 자신들을 분리시켜"[37] "아프리카인들의 작은 지역 혹은 아프리카의 작은 부분"[38]에 국한되어 있다. 딜리스톤이 말한 것처럼 "고전적 전통 속에 훈련을 받고 제국적 로마의 정신 중 많은 것을 흡수한 아우구스티누스에게 있어서 전체의 축적된 지혜와 전통에 대항한 작은 분파의 반역은 미친 것처럼 보였다."[39]아우구스

---

35 Cf. Harnack, *op. cit.*, 149.

36 *Petilian,* ii.38.91, NPNF 4:554-555.

37 *Correction*, 1.3, NPNF 4:634.

38 *Letter*, 44.3, NPNF 1:286.

39 Dillistone, *op. cit.*, 198.

티누스에게 있어서는 "전체는 항상 부분보다 우월한 것으로 간주된다."[40]

넷째로 교회는 사도적이다. 가톨릭교회는 사도적 저작들인 성서를 가지고 있으며 사도적 교리를 가지고 있기 때문에 사도적인 교회이다. 또한 가톨릭교회는 사도들의 권위 위에 그리고 사도들의 시대에 이미 설립된 교회들과 교제하고 있으며, 따라서 사도들에게로 소급될 수 있기 때문에 사도적인 교회이다.[41] 그런 데 반해 도나투스파는 "사도들의 노고로 세워진 교회들과 교제하지 않으며"[42] "온 땅에 흩어져 있는 그리스도의 유산으로부터 분리하는 죄"[43]를 짓고 있다.

이상에서 살펴본 것처럼 아우구스티누스는 가톨릭교회에서 분리되어 나간 도나투스파와의 논쟁 중에 그의 교회론을 발전시켰기 때문에 하나의 가톨릭교회를 강조했다. 이런 점에서 포르탈리에(Eugène Portaliè)는 아우구스티누스의 교회론은 종교개혁의 개인주의적 개념과는 전적으로 상반된다고 보았다.[44] 그러나 재세례파를 제외한 중요한 종교개혁자들의 교회론은 여전히 교회의 보편성을 강조하는 교회론이었으며, 그들은 로마 감독을 정점으로 하는 '로마' 가톨릭교회의 부패를 비판하긴 했지만, 결코 보편적 교회에

---

40 *Baptism*, ii.9.14, NPNF 4:432.

41 *Letter*, 44.3, NPNF 1:286.

42 *Petilian*, ii.16.37, NPNF 4:538.

43 *Letter*, 43.21, NPNF 1:283.

44 Portaliè, *op. cit.*, 231.

서 분리되어 나온다거나 나왔다고 생각하지는 않았다. 가시적 교회와 불가시적 교회를 구별하고 "보이지 않는 사랑의 띠"를 강조한 아우구스티누스의 교회론은 종교개혁자들에게 깊은 영향을 주었으며, 그래서 그들은 로마가톨릭교회의 제도적 일치보다는 성령의 불가시적 일치를 강조했다. 그러나 샤프(Philip Schaff)가 종교개혁자들 중 하나인 칼빈과 아우구스티누스를 비교하여 다음과 같이 말한 것은 꽤 적절하다고 하겠다. "칼빈은 로마가톨릭교회 안에서 자라났으나 그것의 만연된 부패로부터 성서라고 하는 성으로 도피하여 교황권에 대한 가장 무서운 적이 되었다. 만일 아우구스티누스가 16세기에 살았다고 한다면 그는 아마 종교개혁자들과 반쯤 동행했을 것이다. 그러나 그가 가시적 교회의 일치를 높이 평가한 점과 그리고 분리주의적인 도나투스파에 대해 취한 행동을 미루어 볼 때 그는 십중팔구 로마교회 안에서 복음주의적 가톨릭주의 학파의 지도자가 되었을 것이다."[45] 종교개혁자들은 불가시적인 교회의 가톨릭성을 믿었기 때문에 로마가톨릭교회로부터 분리하는 것에 대해 어려움을 느끼지 않았으며, 아우구스티누스는 불가시적인 교회의 거룩성을 믿었기 때문에 가시적인 가톨릭교회 안에 타락한 자들이 있다고 해도 어려움을 느끼지 않았다고 하겠다.

또한 논쟁이 많이 되어 온 성서와 교회의 관계에 대한 아우구스

---

45 Philip Schaff, *History of the Christian Church,* Vol. 8 (Grand Rapids: Wm. B. Eerdmans Publishing Company, 1972), 540.

티누스의 주장도 포르탈리에의 주장과는 달리 종교개혁자들과 크게 다르지 않다고 하겠다. 아우구스티누스는 마니교를 비판하는 글에서 "나로서는 가톨릭교회의 권위에 의해 움직여지지 않았을 경우 복음을 믿지 않았을 것이다"[46]라고 했다. 이에 대해 포르탈리에는 "그는 교회가 성서와 전통에 대한 해석에 있어서 최고의 규범이라는 의미에서 심지어 교회를 성서와 전통 위에 두고 있다"[47]고 말한다. 이어서 그는 아우구스티누스에게 있어서는 교회의 가르침의 무오성이 기본적인 진리로 나타난다고 한다.[48] 그리고 세계적 총회의 결정은 무오하며,[49] 로마 감독좌는 특별히 사도적 감독좌로서 "총회들도 그 판단에 종속하며 그 승인 없이는 타당성이 없다"고 보았다고 한다.[50] 그러나 포르탈리에의 해석과는 달리 아우구스티누스는 신구약성서 정경은 후의 감독들의 모든 편지보다 절대적으로 더 탁월한 위치에 있다고 보고 있다.[51] 그리고 감독들의 편지들이 진리로부터 벗어났을 경우 논박될 수 있는 것으로 보고 있는데, 즉 권위나 학식이 더 많은 감독들에 의해서나 교회 회의의 권위에 의해 비판받을 수 있는 것으로 보고 있다. 그리고 교회 회의라

---

46 Augustine, *Against the Epistle of Manichaeus Called Fundamental*, 5.6, NPNF 4:131.

47 Portaliè, *op. cit.*, 239.

48 Ibid.

49 Ibid., 240.

50 Ibid., 241.

51 *Baptism*, ii.3.4, NPNF 4:427.

하더라도 지역적 교회 회의보다는 세계적 교회 회의가 더 권위가 있으며, 세계적 교회 회의라 하더라도 앞의 회의는 후의 회의에 의해 가끔 수정을 받는다고 한다.[52] 여기서 볼 수 있는 것처럼 아우구스티누스에게 있어서는 신구약성서 정경만이 절대적 권위를 가지며 감독이나 지역적 교회 회의나 세계적 교회 회의는 상대적 권위를 가지고 있다. 이런 맥락에서 볼 때 앞에서 인용한 아우구스티누스의 말은 교회의 권위를 성서의 권위 위에 둔 말이라고 보기 어렵다. 오히려 워필드(B. B. Warfield)의 해석처럼[53] 아우구스티누스가 성서에 대한 증거를 위해 교회를 언급한 것은 교회를 성서에 대한 증인으로 본 것이지 성서에 대한 유권자로 본 것은 아니라고 할 수 있다.

4. 성례

도나투스파에서는 교회를 거룩한 사람들의 모임으로 보는 동시에 성례는 거룩한 사람들이 베풀어야만 효과가 있다고 보았다. 그래서 배교자로 오염된 가톨릭교회에서 세례를 받은 자들은 자기

52 Ibid.

53 Benjamin B. Warfield, *Calvin and Augustine*, ed. Samuel G. Craig (Philadelphia: The Presbyterian and Reformed Publishin Company, 1971), 451.

들 교회에서 재세례를 받아야 한다고 주장했다. 우선 아우구스티누스는 성례의 효과가 집례자에 따라 좌우된다는 도나투스파의 주장, 이른바 인효론(*ex opere operantis*)을 받아들이지 않는다. "복음의 말씀에 의해 성별된 그리스도의 세례는 그 집례자가 아무리 타락하고 부정하다 하더라도 필연적으로 거룩하다. 왜냐하면 그것은 내적 거룩함이 오염될 수 없으며 신적 탁월성이 그 성례 안에 머무르기 때문이다."[54]아우구스티누스는 심지어 살인자가 세례를 준다 하더라도 성령의 은사가 주어진다고 한다. "이런 종류의 인간이 세례를 줄 때에도 성령을 주는 분은 하나님"이기 때문이다.[55]

그래서 아우구스티누스는 이단이나 분파에서 베푼 성례도 타당성을 가진다고 한다. "그리스도의 세례는 이단들의 사악함에 의해서도 타당성을 잃을 수 없다."[56] 이것은 서품의 경우도 마찬가지이다. "세례받은 사람이 교회의 일치로부터 떠날지라도 그것에 의해 세례의 성례를 잃지 않듯이 서품받은 사람도 교회의 일치로부터 떠날지라도 세례를 주는 성례를 잃지 않는다."[57] 그러나 아우구스티누스는 이단과 분파에서는 성례의 효과가 없다고 한다. "이단들은 합법적인 세례를 가지고 있으나 그것을 합법적으로 가지고 있지 않다. 그러나 가톨릭적 일치 안에서 그것을 가지고 있고, 그것에

54 *Baptism*, iii.10.15, NPNF 4:439.

55 *Baptism*, v.20.28, NPNF 4:473.

56 *Baptism*, v.3.3, NPNF 4:464.

57 *Baptism*, i.1.2, NPNF 4:412.

합당하게 살아가는 사람은 합법적인 세례를 가짐과 동시에 그것을 합법적으로 가지고 있다."[58] 나아가서 이단과 분파의 성례는 오히려 그들에게 해를 준다. "이단들과 분파주의자들은 이 몸의 일치로부터 분리해 나갔으므로 같은 성례를 받을 수 있으나 그들에게 유익이 없으며 오히려 해가 된다. … 왜냐하면 그들은 그 성례에 의해 상징되는 평화의 띠 안에 있지 않기 때문이다."[59] 즉, 아우구스티누스는 이단이나 분파주의자들의 성례의 타당성은 인정하고 있으나 그들이 교회의 일치라는 사랑의 띠로부터 벗어나 있기 때문에 그들의 성례는 효력이 없다고 보고 있다.[60] 아우구스티누스는 사랑을 성령의 활동의 고유한 영역으로 보고 있으며, 모든 사랑은 성령 안에 그 근원을 가지고 있다고 보기 때문에 사랑을 무엇보다 강조한다.[61] 비록 어떤 사람이 그리스도의 이름으로 순교한다 하더라도 그가 사랑의 띠로부터 분리하여 교회 밖에 있기를 고집했다면 영원한 형벌을 받게 될 것이라고 한다.[62] 아우구스티누스는 순교할 만한 신앙보다 교회의 일치 안에 있는 사랑을 더욱 중요하게 여겼다고 볼 수 있다. 이단과 분파의 세례는 그들이 이단과 분파 안에

---

58 *Baptism*, v.7.8, NPNF 4:466.

59 *St. Augustin's City of God*. xxi,25, NPNF 2:472.

60 Cf. Reinhold Seeberg, *The History of Doctrines*, Vol. 1, trans. Charels E. Hay (Grand Rapids: Baker Book House, 1978), 320.

61 Cf. Harnack, *op. cit.*, 145.

62 *Letter*, 173.6, NPNF 1:545.

있는 한 효력이 없지만, 일단 가톨릭교회 안에 들어오면 효력이 생긴다. "교회 평화에로의 화해에 의해 그는 이 유익을 받는다. 즉, 분리 속에서 받았을 때 그에게 유익이 있을 수 없었던 성례가 이제 일치 속에서 그의 죄의 용서를 위해 유익이 되기 시작한다"[63]고 아우구스티누스는 말한다.

이단과 분파의 세례의 타당성을 인정한 아우구스티누스는 재세례를 인정하지 않았다. 아우구스티누스가 믿기로는 사도 시대로부터 내려온 관례는 세례가 가톨릭교회 밖에서 행해지더라도 삼위일체의 이름으로 행해지면 타당하다는 것이었다. 하지만 215년에 개최된 카르타고 회의에서 아그리피누스 감독이 이 관례를 수정하도록 제안했으며 그의 제안이 받아들여졌다. 그러나 4세기의 교회 총회에서는 사도적 전승으로부터 내려온 본래적 관례인 재세례를 부정하는 것을 다시 확인했다는 것이다. 그래서 아우구스티누스는 도나투스파에 대해 "가톨릭적 일치 안에 있는 사람들에게 재세례를 주려고 노력하는 자들은 불경의 죄를 짓는 것이다"[64] 하고 말한다.

아우구스티누스가 교회 밖의 세례의 타당성을 주장했다고 해서 그가 사효론(*ex opere operato*)을 주장했다고 보는 학자들도 있다. 포르탈리에는 "결론적으로 말해 아우구스티누스는 사실상 스콜라 신학과 후의 교회가 *ex opere operato*라는 형식으로 표현한 바로

---

63 *Baptism*, i.12.18, NPNF 4:419.

64 *Baptism*, i.1.2, NPNF 4:412.

그런 식으로 성례의 효력을 가르쳤다"[65]고 말한다. 딜리스톤도 아우구스티누스가 *ex opere operato*라는 구절은 사용하지 않았으나 하나님의 은총이 *ex opere operato*하게 주어지는 것으로 보았다고 한다.[66] 루터나 칼빈과 같은 종교개혁자들이 "궤변가들이 *opere operato*를 날조한 것은 거짓일 뿐만 아니라 성례의 본질과 모순된다"[67]고 비판한 바 있는 *ex opere operato*는 성례를 누가 주든, 누가 받든 관계없이 성례 그 자체로 효력이 있다고 하는 것이다. 그러나 아우구스티누스의 본문들을 보면 그가 사효론을 가르쳤다고 볼 수 없다. "모세도 만나를 먹었고 아론도 만나를 먹었고… 그리고 주님이 기뻐하시는 많은 사람들이 먹었다. 그리고 그들은 죽지 않았다. 왜냐? 그들은 영적으로 배부르기 위해 가시적 양식을 영적으로 이해했고, 영적으로 갈망했고, 영적으로 맛보았기 때문이다. 오늘날 우리도 가시적 양식을 받는다. 그러나 성례와 성례의 덕은 별개의 것이다."[68] 여기서 아우구스티누스는 성례와 성례의 효력 사이를 구별하고 있다. 또한 아우구스티누스는 요한복음 6장 50절, "이는 하늘로서 내려오는 떡이니 사람으로 하여금 먹고 죽지

---

65 Portaliè, *op. cit.*, 245.

66 Dillistone, *op. cit.*, 200.

67 Calvin, Inst. iv.xiv.26, Os v,285,4-6. "quicquid de opere operato nugati sunt Sophistae, non modo falsum esse, sed pugnare cum sacramentorum natura... ." Also cf. Luther, "The Babylonia Captivity of the Church," *Three Treatises* (Philadelphia: Fortess Press, 1978), 154.

68 *John*, xxvi.11, NPNF 7:171.

아니하게 하는 것이니라"는 말씀을 주석하면서 이렇게 말한다. "그러나 이것은 성례의 덕에 속한 것이지 가시적 성례에 속한 것이 아니다. 내적으로 먹는 자를 가리키지, 외적으로 먹는 자를 가리키는 것이 아니다. 마음으로 먹는 자를 가리키지, 이로 씹는 자를 가리키는 것은 아니다." 이 구절들은 사효론을 명백히 부정하고 있다. 포르탈리에는 자기주장에 대한 근거로 『크레코니우스 반박』에서 한 구절을 인용하고 있다.

> 세례는 그것을 잘 사용하는 사람들에게 구원의 축복을 준다. 이는 그것을 베푸는 사람들의 공적 때문도 아니고 그것을 받는 사람들의 공적 때문도 아니라 그것을 제정하신 분에 의해 그 나름으로 거룩하고 참되기 때문이다.[69]

그러나 이 구절은 사효론에 대한 근거로 볼 수는 없다. 사효론을 강력하게 비판했던 칼빈도 비슷한 생각을 피력하기 때문이다. "온 세상이 믿지 않는다 해도 세례는 중생의 물이다. 세상에 신앙의 작은 흔적도 없다 하더라도 그리스도의 식탁은 그의 몸과 피의 나눔이다. 그러나 우리는 우리에게 제공되는 은총을 신앙 없이는 지각하지 못한다."[70] 또한 칼빈은 이렇게 말한다.

---

69 *Contra Cresconium*, iv.16.19, quoted in Poraliè, *op. cit.*, 245.

70 Calvin, Comm. Ezek. 20.20, LCC 23:233.

그리스도가 그의 은사들과 함께 모든 사람에게 공통적으로 제시되며, 사람들의 불신 때문에 하나님의 진리가 전복되는 것은 아니므로 성례들이 항상 그들의 효력을 보유하는 것이 사실이다. 그러나 모두가 그리스도와 그의 은사들을 받을 수 있는 것은 아니다. 그러므로 하나님 편에서는 아무것도 변화되지 않았으나 인간 편에서는 각자가 그의 신앙의 분량에 따라 받는다.[71]

다른 한편 아우구스티누스의 본문에는 성례를 받는 자의 신앙을 강조한 경우가 많이 있다.

성례를 받는 자가 잘못되었다면 (성례에서) 주어진 것이 그 잘못된 사람의 구원을 위해서 아무 유익이 없다.[72]

나는 어느 곳에서 어떤 종류의 사람으로부터 세례를 받든, 그것이 복음의 말씀으로 성별되고 그들의 편에서 어느 정도의 신앙을 가지고 속임이 없이 받는다면 모든 사람이 세례를 가진다고 말하기를 주저하지 않는다.

---

71 Calvin, *Mutual Consent in regard to Sacraments*, Calvin's Tracts and Treatises, 2:217.

72 *Baptism*, iv.12.19, NPNF 4:455.

요컨대 아우구스티누스와 종교개혁자들은 다 같이 성례는 누가 주든 누가 받든 변함없이 성례라고 보았으며, 주는 자에게 관계없이 효력이 있으나 받는 자는 어느 정도의 신앙이라도 가지고 있어야 효력이 있는 것으로 보았다고 할 수 있다.

아우구스티누스는 성례의 중요성을 강조하긴 했지만, 성례가 구원에 필수적이라고 생각한 것 같지는 않다. 그는 십자가상에서 구원받은 강도와 세례를 받고 죽은 유아들을 비교하면서 이렇게 말한다.

> 강도의 경우에는 전능자의 은혜로운 선하심이 세례 성례의 결여를 채워주셨다. 왜냐하면 그가 세례를 안 받은 것은 교만이나 경멸 때문이 아니라 기회가 없었기 때문이다. 마찬가지로 세례를 받고 죽은 유아들의 경우에는 전능자의 동일한 은총이 (신앙의) 결여를 채워주실 것이라고 우리는 믿어야 한다. 그들은 의지가 왜곡되어서가 아니라 연령이 어려서 의를 향해 마음으로 믿을 수 없고, 구원을 위해 입으로 고백할 수 없기 때문이다.[73]

성례론 가운데서도 성찬론은 교회 역사에 있어서 계속 논쟁되어 왔다. 우선 아우구스티누스는 그리스도는 그의 신성으로는 편재하지만, 그의 인성으로는 하늘에 계신다고 보고 있다. 다르다누스에

---

73 *Baptism*, iv.24.32, NPNF 4:462.

게 보낸 편지에서 "그는 하나님으로서는 모든 곳에 전체적으로 임재하며 또한 하나님의 동일한 성전에 거하시지만 참된 몸으로는 하늘 어떤 곳에 있음을 의심하지 마시오"[74] 하고 말한다. 그리고 아우구스티누스는 "인자의 살을 먹지 아니하고 인자의 피를 마시지 아니하며 너희 속에 생명이 없느니라"는 구절을 설명하면서 "우리는 그의 살이 우리를 위해 상처를 받고 십자가에 달렸다는 사실에 대한 기쁘고 유익한 기억을 간직해야 한다"[75]고 말한다. 이 구절은 성찬에 대한 기념설을 연상시킨다. 그러나 아우구스티누스는 한 설교에서 "그는 그의 몸과 피의 유익한 음식을 우리에게 주셨다"고 말했으며 "만약 어떤 것을 성례를 통해 가시적으로 먹는다면 진리 안에서 영적으로 먹고 영적으로 마신다"[76] 하고 말했다. 아우구스티누스가 그리스도의 인성의 편재를 부정했다는 점에서 루터보다는 츠빙글리나 칼빈과 가깝다고 할 수 있다. 그러나 단순한 기념설을 넘어 영적으로 먹는다는 표현을 썼을 때 그는 츠빙글리보다는 칼빈과 가깝다고 할 수 있다.

---

74 *Letter*, 187.13.41, The Fathers of the Church, 30:254-255.

75 *Christian Doctrine*, iii.16.24, NPNF 2:563.

76 Augustine, Sermon, 131.1.1, quoted in Portaliè, *op. cit.*, 257.

5. 교회와 국가의 관계

하나의 보편적 교회에 대한 아우구스티누스의 이상은 도나투스파를 가톨릭교회로 인도하려는 열정으로 나타났다. 그는 처음에는 이론적 설득으로 그들을 가톨릭교회로 인도해야 한다고 생각했다. 만약 공권력을 사용하여 강제적으로 그들을 가톨릭교회로 돌아오게 한다면 거짓된 가톨릭 신자를 만들 가능성이 있기 때문이었다.[77] 그러나 가톨릭교회 안에는 공권력을 사용해서라도 도나투스파를 억제해야 한다는 주장들이 나타나기 시작했다. 처음에는 키르쿰켈리온들과 같은 과격한 도나투스파로부터 가톨릭 교인들을 보호한다는 측면이 강했다. 도나투스파 감독이나 성직자들에 대해서는 추방령을 내리고 교인들에 대해서는 벌금형을 내렸다. 그 결과 "매우 많은 사람이 참된 어머니의 품속으로 들어왔다."[78]

아우구스티누스는 401년경에 이방인들에게 공권력을 사용하는 데 동의한 것 같으며 399~401년경의 그의 신학은 이 정책에 대한 원리상의 지지를 제공한 것 같다.[79] 이방인에 대해 공권력을 사용하여 그들을 기독교로 개종시키는 데 동의한 아우구스티누스는 몇 년이 지나지 않아 도나투스파에 대해 공권력을 사용하는

---

77 *Correction*, 7. 25, NPNF 4:643.

78 *Correction*, 7. 30, NPNF 4:644.

79 Cf. Markus, *op. cit.*, 139.

데도 동의했다. 403년 9월에 개최된 교회 회의를 도나투스파가 거부하고 키르쿰켈리온들이 가톨릭 성직자와 재산을 공격한 후 아우구스티누스는 도나투스파에 대해 반이단적 법률을 강화시키도록 라벤나에 있던 궁정에 청원했다. 405년 일치 칙령이 내려져 분파를 실제적으로 금지시켰다. 그때부터 아우구스티누스는 도나투스파에 대한 억압을 전적으로 지지했다.[80] 이후 아우구스티누스가 즐겨 사용한 성서는 누가복음 14장 23절, "주인이 종에게 이르되 길과 산울 가로 나가서 사람을 강권하여 데려다가 내 집을 채우라"는 말씀이었다.

아우구스티누스는 공권력 사용을 두고 "잃은 아들들이 다른 사람들을 멸망하게 한다면 교회가 그 잃은 아들들을 돌아오게 하기 위해 왜 힘을 사용해서는 안 되는가?"[81] 하고 반문한다. 나아가서 이것은 사랑의 행위라고 말한다.

> 우리는 여러분의 뜻에 반해 여러분을 우리에게로 끌어오지도 않으며, 우리는 우리의 적들을 죽이지도 않는다. 그러나 우리가 여러분을 다루는 가운데 행하는 것은 모두, 우리가 여러분의 의지에 반해 그것을 하지만, 여러분이 자발적으로 자신을 교정하고 개선된 삶을 살도록 우리는 여러분에 대한 사랑에서 그것을 한다.[82]

---

80 Cf. Frend, *Early Church*, 216.

81 *Correction,* 6. 23, NPNF 4:642.

그것은 마치 배움 중에 있는 아동을 사랑하는 사람이 그 아동의 의지에 반해 매질을 하는 것과도 같은 것이다.[83] 그래서 아우구스티누스는 도나투스파를 박해하는 관리가 박해자가 아니라 그들의 오류가 그들의 박해자라고 말한다.

> 당신에게 보내어진 호민관은 당신의 박해자가 아니다. 그는 당신의 박해자, 즉 당신의 오류를 박해하고 있는 것이다.[84]

아우구스티누스는 도나투스파와 논쟁하는 가운데 교회와 국가의 문제에 대해 어느 정도 다루긴 했지만, 이 문제는 그의 저서 『신의 도성』에서 보다 깊이 다루어졌다. 410년 로마가 서고트족의 알라릭에 의해 함락되었을 때 볼루시아누스 같은 사람은 오른뺨을 치는 자에게 왼뺨을 돌려대라는 기독교의 윤리가 정치 생활과는 양립할 수 없다고 생각했다. 또 다른 사람들은 로마제국이 전통적 종교 아래서는 번영했는데 기독교를 국교로 받아들인 후에 와해되기 시작했다고 기독교를 비판하기 시작했다.[85] 아우구스티누스는 이런 비판 속에 기독교를 변호하기 위해 『신의 도성』을 쓰기 시작했

---

82 *Petilian*, ii. 95. 217, NPNF 4:585.

83 Ibid.

84 *Contra Gaudentium*, i.18.19, quoted in Markus, *op. cit.*, 142.

85 Cf. Eugene TeSelle, *Augustine the Theologian* (London:Burns & Oates Limited, 1970), 268.

다. 하나님에 대한 사랑을 지닌 사람들의 연합인 '신의 도성'과 자기에 대한 사랑을 지닌 사람들의 연합인 '땅의 도성'은 현재에는 공존하고 있지만 종국에 가서는 신의 도성이 승리하게 될 것이다. 그래서 신의 도성의 승리를 바라보는 사람들은 이 역사상의 제국의 부침에 별로 관심을 기울이지 않는다. 이것이 아우구스티누스가 이 저작을 통해 표현하려고 했던 것이다.

아우구스티누스는 『신의 도성』에서 현재의 교회를 그리스도의 왕국으로 보고 있다.

교회는 지금에라도 그리스도의 왕국과 하늘의 왕국이다.[86]

현재의 교회는 그리스도가 세계를 완성할 때까지 그리스도와 함께하는 공동체이기 때문이다. 그러나 교회는 아직 신의 도성은 아니다.[87] 신의 도성은 마침내 국가와 교회를 배제하고 신적 사랑이 지배할 것이기 때문이다.[88] 다른 한편 아우구스티누스는 현재의 제국을 땅의 도성과 동일시하지도 않았으나 제국 그 자체를 중요시 하지도 않았다. 의와 사랑은 참된 하나님의 예배가 발견되는 곳인

---

86 *City of God*, xx.9, NPNF 2:430.

87 Cf. Etienne Gilson, *The Christian Philosophy of Saint Augustine*, trans. L. E. M. Lynch (London: Victor Gollancz Ltd, 1961), 172.

88 Cf. Robert Payne, *The Fathers of the Western Church* (New York: The Viking Press, 1951), 176.

교회 안에서만 존재한다. 그러므로 통치자들은 그리스도인이 되어야 할 뿐만 아니라 그들 자신의 목적인 땅의 평화를 성취하기 위해서도 교회를 섬겨야 한다. 왜냐하면 참된 종교가 없이는 참된 덕인 사랑과 정의가 있을 수 없기 때문이다.[89] 그래서 아우구스티누스는 정의가 없는 국가는 강도의 집단과 같은 것으로 보고 있다. 그는 『신의 도성』에서 이렇게 묻는다.

> 정의가 제거되면 왕국들이 강도단들 이외 무엇이겠는가?[90]

이어서 그는 알렉산더 대제가 해적을 붙잡아 어쩌자고 악하게 바다를 장악하고 있는가 하고 꾸짖을 때 그 해적이 한 대답을 소개한다.

> 어쩌자고 당신은 전 지구를 장악했습니까. 그러나 큰 함대로 그것을 한 당신은 황제라고 불리지만 나는 작은 배로 그것을 하기 때문에 강도라 불립니다.[91]

아우구스티누스는 이 삽화에서 정의가 없는 국가는 해적 무리와

---

89 *City of God*, xix.25, NPNF 2:418.
90 *City of God*, iv.4, NPNF 2:66.
91 Ibid.

다름이 없음을 말해 주고 있다.

아우구스티누스는 도나투스파와의 논쟁에서 교회의 진리를 위해 국가의 공권력을 사용한 것을 인정했으며 그리고 『신의 도성』에서는 하나님의 사랑을 지향하는 교회를 위해 국가가 봉사할 때 국가가 그 존재 의의를 갖는다고 생각했다. 그러나 그는 교황을 정점으로 한 신정 정치를 구현하려고 하지도 않았다.[92] 비잔틴 제국이나 러시아의 교회와는 달리 전능한, 거룩한 국가와 수동적 민중이라고 하는 고대 동양적 이상을 인정해 주지도 않았다. 아우구스티누스는 신적 사랑과 정의를 지향하는 교회와 그런 교회의 이상에 봉사하는 국가를 상정함으로써 자유와 진보와 사회적 정의라고 하는 서방 세계의 이상을 형성하는 데 공헌했다고 할 수 있다.[93]

6. 결언

우리는 지금까지 도나투스파와의 논쟁 중에 형성된 아우구스티누스의 교회론을 살펴보았다. 도나투스파는 교회는 거룩한 사람들

---

92 Harnack, *op. cit.*, 155.

93 Cf. Christopher Dawson, "St. Augstine and His Age," *Saint Augustine* (New York: Meridian Books, 1957), 77.

의 모임으로 배교자와 같은 부정한 사람들과는 교제하지 말아야 한다고 주장했다. 그래서 그들은 마침내 가톨릭교회에서 분열해 나가 자기들 나름의 교회를 세웠다. 아우구스티누스는 도나투스파의 이 주장에 대해 교회는 그리스도의 몸으로 분열해서는 안 되며, 하나의 가톨릭교회의 사랑의 일치에서 분열해 나가는 것은 배교보다도 더 나쁜 것이라고 주장했다. 그는 교회의 거룩성은 개개 구성원들의 거룩성에 달려 있는 것이 아니라 그리스도와의 연합을 통해, 성령의 활동을 통해 거룩하며, 개개 구성원들을 성화시키는 방편들인 말씀과 성례로 인해 거룩하다고 보았다. 도나투스파는 성례는 집례자의 인격에 따라 좌우된다고 주장했다. 배교자와 같은 부정한 사람이 자기가 소유하지 못한 성령의 은총을 어떻게 전달해 줄 수 있는가? 이것이 도나투스파의 반문이었다. 이에 대해 아우구스티누스는 성례는 누가 베풀든 그리스도의 성례로서 객관적 타당성을 가진다고 보았다. 그래서 이단이 준 성례라도 그리스도의 성례이며, 따라서 이미 성례를 받은 사람에게 다시 성례를 베풀어서는 안 된다고 했다. 그러나 성례를 통해 은총을 주시는 성령은 사랑의 영이기 때문에 기존 교회를 증오하고 분열해 나가는 분파에서는 역사하지 않는다. 그러므로 이단이나 분파에서 성례를 받은 사람은 성령의 사랑의 일치 속에 들어올 때에만 성례의 효력을 받게 된다고 보았다. 정부로부터 박해받던 도나투스파는 교회와 국가는 아무 관계가 없고 박해받는 교회가 참된 교회라고 본 데 반해, 아우구스티누스는 국가는 사랑과 정의를 지향하는 교회에

봉사해야 하고 그럴 때에만 국가의 소임을 다하는 것이라고 보았다.

아우구스티누스의 사상은 때로는 모순되게 보일 경우도 없지 않다. 그래서 후대 기독교의 여러 파에서는 제각기 아우구스티누스에 근거했다고 주장하곤 했다. 마니교의 이원론에서 신플라톤주의의 일원론을 거쳐 기독교로 개종한 아우구스티누스에게 있어서는 신플라톤주의적 요소가 여전히 남아 있었다. 그래서 그에게는 더 높고 더 중요한 것과 덜 높고 덜 중요한 것 사이의 구별은 있었지만, 극단적인 이분법적 논리는 배제되었다. 그는 둘을 다 포함하고 있었기 때문에 양자택일을 주장하는 논쟁에서는 잘못 해석되기 쉽다. 아우구스티누스의 사상에 대한 논쟁은 아우구스티누스의 정신으로 돌아가서 양자를 다 포괄할 때만 해결될 수 있을 것이다.

7장
역사 이해

1. 서언

큉(Hans Küng)은 아우구스티누스의 역사 신학이 기독교 최초의 역사 신학으로 중세 신학, 종교개혁 신학, 나아가서 현대 사상에까지 영향을 끼쳤다고 높이 찬양하였다.

> 기독교에 있어서 최초의 기념비적인 역사 신학을 창조한 사람은 아우구스티누스였다. 그것은 중세 서구 신학 전체와 종교개혁 신학에 깊은 영향을 끼쳤으며, 역사를 세속화한 현대의 문턱에까지 영향을 끼쳤다. 고대 시대에 아우구스티누스 이전에는 역사 철학도 없었고 역사 신학도 없었다. 아우구스티누스는 유대-기독교적인 이해에 있어서 역사는 하나님이 인도하고 지시하는 하나의 목표를 향한 운동이라는 사실을 진지하게 받아들였다. 그 목표란 하나님의 영원한 도성, 평

화의 나라, 하나님의 나라였다. 이 이해는 순환적인 헬레니즘적인 이해나 인도적인 이해와는 완전히 다른 것이었다.[1]

반면에 마커스(Robert A. Markus)는 역사에 대한 아우구스티누스의 관심을 다소 낮게 평가하였다.

아우구스티누스는 역사적 저작들을 쓰지 않았다. '역사'라는 말의 현대적 의미에 있어서든지 아니면 아우구스티누스 당시에 이해된 의미에 있어서든지 간에 역사적 저작들을 쓰지 않았다. … 아우구스티누스의 저작들 안에 발견되는 적은 역사적 자료는 당시 아주 최근의 사건들에 관한 것이었다.[2]

마커스는 이어서 이렇게 말하였다.

역사에 관한 아우구스티누스의 관심은… 논쟁적 목적을 위해 그가 필요로 했던 것과 그의 논증에 삽입하기 위해 그가 필요로 했던 것에 국한되었지만, 그는 역사와 역사의 의미와 하나님의 섭리에 대한 역사

---

1 Hans Küng, *Great Christian Thinkers*, trans. John Bowden (London: SCM Press, 1994), 97.

2 Robert A. Markus, "History," *Augustine through the Ages: An Encyclopedia*, ed. Allan D. Fitzgerald, O. S. A. (Grand Rapids, Michigan: William B. Eerdmans Publishing Company, 1999), 432.

의 타당성과 구원의 경륜의 형태에 있어서 역사의 위치 등등에 관한 신학적 질문들에 깊은 관심을 가졌다.[3]

다른 한편 하디(Edward R. Hardy, Jr.)는 다음과 같이 말하였다.

아우구스티누스는 그가 이용할 수 있는 최상의 성서적, 역사적 연구를 사용하였다. 사실상 때때로 그는 역사 비평을 하기도 하였다.[4]

본고에서는 아우구스티누스의 역사 이해가 어느 정도의 역사 연구에 근거하고 있는지 살펴보고자 한다.

아우구스티누스의 시간 이해는 매우 독창적이며, 후대에 큰 영향을 미쳤다고 평가받아 왔다. 그러나 크누틸라(Simo Knuuttila)는 아우구스티누스의 시간관은 아리스토텔레스에 이미 나타난 것으로 독창적인 사상이 아니라고 보았다.[5] 본고에서는 아우구스티누스의 시간관이 어떤 점에 있어서 독창적인 것인지 살펴보려고 한다. 한편 아우구스티누스의 시간관이 칸트를 비롯한 후대의 시간

---

3 Ibid., 432-433.

4 Edward R. Hardy, Jr., "The City of God," *Augustine through the Ages: An Encyclopedia*, ed. Allan D. Fitzgerald, O. S. A. (Grand Rapids, Michigan: William B. Eerdmans Publishing Company, 1999), 269.

5 Simo Knuuttila, "Time and Creation in Augustine," *The Cambridge Companion to Augustine*, ed. Eleonore Stump and Norman Kretzmann (Cambridge: Cambridge University Press, 2001), 112.

관에 영향을 미친 것으로 여겨 왔다. 그러나 퀸(John M. Quinn)은 아우구스티누스의 시간관을 칸트의 시간관의 원형으로 보는 것은 잘못인데, 이는 이 두 설명이 피상적 유사점들이 있긴 하지만 본질적으로 다르기 때문이라고 말하였다.[6] 본고에서는 아우구스티누스의 시간관을 칸트의 시간관의 원형으로 볼 수 있는가 하는 문제를 다루고자 한다.

아우구스티누스는 이 역사에서는 하나님의 도성과 땅의 도성이 혼재해 있으나 종말에 가서는 이 두성이 분리될 것이라고 말하였다. 그러나 하디는 아우구스티누스가 형식적으로는 두 도성에 대해 말하지만 실제적으로는 세 도성, 즉 하나님의 왕국, 사탄의 왕국, 인간들의 왕국에 대해 말한다고 하였다.[7] 본고에서는 아우구스티누스에게 있어서 두 도성의 관계가 어떠한가 하는 문제를 다루고자 한다.

크리스천(William A. Christian)은 역사 이해에 있어서 성서를 맹목적으로 받아들이는 아우구스티누스와 철학자로서의 아우구스티누스라는 두 명의 아우구스티누스가 있다는 해석을 강하게 비판하였다.[8] 그러나 피기스(J. N. Figgis)는 아우구스티누스 안에는

---

6 John M. Quinn, O. S. A., "Time," *Augustine through the Ages: An Encyclopedia*, ed. Allan D. Fitzgerald, O. S. A. (Grand Rapids, Michigan: William B. Eerdmans Publishing Company, 1999), 834.

7 Hardy, "The City of God," 279.

8 Christian, "The Creation of the World," *A Companion to the Study of St. Augustine*,

두 사람이 있다고 말했으며,[9] 하디도 이 견해에 찬동을 표시하였다.[10] 본고에서는 역사 이해에 있어서 과연 아우구스티누스 안에 두 사람의 아우구스티누스가 있는가 하는 문제를 다루고자 한다.

또한 아우구스티누스가 종말론에 있어서 천년왕국설을 주장했는가 하지 않았는가 하는 문제를 다루고자 한다. 연옥의 문제에 대해 투르멜(Turmel)은 아우구스티누스가 연옥의 존재를 주장하지 않았으며, 생애의 말년에 가서 겨우 그 존재를 용인할 정도였다고 하였다.[11] 반대로 포르탈리에(Eugène Portalié)는 연옥의 존재는 아우구스티누스의 저작들 안에 절대적으로 분명히 나타난다고 주장하였다.[12] 본고에서는 아우구스티누스에게 연옥 사상이 어느 정도로 나타나 있는가 하는 문제를 다루고자 한다.

이 연구에서는 The Library of Christian Classics(이하 LCC라 약함) 6, 7, 8권의 아우구스티누스의 저작들과 *A Select Library of the Nicene and Post-Nicene Fathers of the Christian Church*,

---

ed. Roy W. Battenhouse (Grand Rapids, Michigan: Baker Book House, 1979), 327.

9 J. N. Figgis, *The Political Aspects of St. Augustine's City of God* (London: 1921), 114, cited by Hardy, "The City of God," 280.

10 Hardy, "The City of God," 280.

11 Cited by Eugène Portalié, *A Guide to the Thought of Saint Augustine*, trans. Ralph J. Bastian, S. J. (Westport, Connecticut: Greenwood Press, Publishers, 1975), 295.

12 Ibid.

First Series(이하 NPNF 1이라 약함) 1-8권에 있는 아우구스티누스의 저작들을 사용한다. 그러나 라틴어 원문을 제시할 경우나 이 두 번역에 없는 저작들을 사용할 경우에는 Biblioteca de Autores Cristianos에 있는 *Obras de San Agustin*(이하 OSA라 약함)을 사용한다.

2. 시간

아우구스티누스는『고백록』에서 하나님의 영원성에 대해 이렇게 말하였다.

당신의 해들은 가지도 않고 오지도 않습니다. … 모든 당신의 해들은 하나로 함께 서 있습니다. 그것들은 머물러 있기 때문입니다.[13]

아우구스티누스에게 있어서 영원은 시간의 긴 연장이 아니라 시간의 멈춤이었다.

아우구스티누스에 의하면 하나님이 창조하기 전에는 영원이 있었다.

영원자 안에는 아무것도 지나가지 않으며 전체가 동시적으로 현재합

13 Augustine, *Confessions*, 11.13.16, LCC 7:254.

니다. 그러나 시간적 과정은 전체적으로 동시적이지 않습니다. 그러므로 과거 모든 시간은 오고 있는 미래에 의해 떠밀려지며, 모든 미래가 과거로부터 따라가며, 모든 과거와 미래는 창조되며 영원히 현재적인 것으로부터 나오는 것을 봅니다.[14]

그래서 아우구스티누스는 시간은 창조와 함께 시작된 것으로 본다. 환언하면 시간도 창조와 함께 창조된 것으로 본다.

당신이 그 시간 자체를 만들었으며, 당신이 전체 시간 과정을 만들기 전에 시대들이 지나갈 수 없었습니다.[15]

그러므로 당신이 어떤 것들을 만들지 않았을 때 아무 시간도 없었습니다. 당신이 시간 자체를 만들었기 때문입니다.[16]

아우구스티누스는 하나님이 창조한 이 시간을 설명하기 어렵다고 솔직하게 말한다.

그러면 시간이 무엇입니까? 아무도 나에게 묻지 않으면 나는 그것이

---

14 Augustine, *Confessions*, 11.11.13, LCC 7:252.
15 Augustine, *Confessions*, 11.13.15, LCC 7:253.
16 Augustine, *Confessions*, 11.14.17, LCC 7:254.

무엇인지를 압니다. 나에게 묻는 자에게 그것을 설명하려고 하면 나는 알지 못합니다. 하지만 내가 안다고 확신을 가지고 말할 수 있는 것은, 아무것도 지나가지 않으면 과거 시간이 없을 것이며, 아무것도 오지 않으면 미래 시간이 없을 것이며, 아무것도 없다면 현재 시간이 없을 것이라는 것입니다.[17]

이어서 그는 이렇게 말한다.

과거는 더 이상 지금이 아니며 미래는 아직 지금이 아닌데, 과거와 미래 두 시간이 있다는 것은 어떻게 된 것입니까? 만약 현재가 항상 현재라면 그리고 과거 시간으로 지나가지 않는다면, 그것은 분명히 시간이 아니라 영원일 것입니다. 그래서 만약 현재 시간이—그것이 시간이라면— 단지 과거 시간으로 지나가기 때문에 존재하게 된다면, 그것의 존재의 이유가 존재하기를 멈추는 것이라고 한다면 심지어 이것이 **존재한다고** 우리가 어떻게 말할 수 있습니까?[18]

아우구스티누스는 현재를 아무런 연장(延長)이 없는 것이라고 말한다. 백 년을 현재라고 한다면 그 백 년이 다 현재가 아니다. 그 중 한 해를 두고 말한다면 99년은 미래가 아니면 과거에 해당되고

17 Augustine, *Confessions*, 11.14.17, LCC 7:254.

18 Augustine, *Confessions*, 11.14.17, LCC 7:254-255.

일 년만 현재이다. 그런데 그 일 년도 다 현재가 아니다. 그중 한 달을 두고 말한다면 열한 달은 미래가 아니면 과거이고 한 달만 현재이다. 그런데 다시 그 한 달도 다 현재가 아니다. 그중 한 날을 두고 말한다면 한 날만 현재이고 나머지 날은 미래가 아니면 과거이다. 또다시 그 한날도 다 현재가 아니다. 그중 한 시간을 두고 말한다면 한 시간만 현재이고 나머지 23시간은 미래가 아니면 과거이다. 그 한 시간도 나눈다면 한순간만이 현재가 될 것이다. 그래서 아우구스티누스는 이렇게 말하였다.

> 그러나 이것도 미래로부터 과거로 신속히 날아가므로 지체하는 연장이 있을 수 없습니다. 만약 그것이 연장이 있다면 그것도 과거와 미래로 나누어집니다. 현재는 연장이 없습니다.[19]

아우구스티누스는 과거, 현재, 미래 세 시간이 있는 것이 아니라 다만 현재 시간만 있으며, 과거는 현재의 기억으로, 미래는 현재의 기대로 현재한다고 이렇게 주장하였다.

> 그러나 이제라도 분명하고 명확한 것은 미래 시간들이 있는 것도 아

---

19 Augustine, *Confessions*, 11.15.20, LCC 7:256. "... quod tamen ita raptim a futuro in praeteritum transvolat, ut nulla morula extendatur. Nam si extenditur, dividitur in praeteritum et futurum: praesens autem nullum habet spatium." OSA 2:481, 15-18.

니고, 과거 시간들이 있는 것도 아니라는 것입니다. 그래서 과거, 현재, 미래, 세 시간이 있다고 말하는 것은 적절하지 않습니다. 아마 세 시간, 즉 과거 것들의 현재 시간, 현재 것들의 현재 시간, 미래 것들의 현재 시간이 있다고 말하는 것이 올바를 것입니다. 이 세 가지가 영혼 안에 다소 공존합니다. 그렇지 않다면 나는 그것들을 볼 수 없을 것이기 때문입니다. 과거 것들의 현재 시간은 기억이고, 현재 것들의 현재 시간은 직접적 경험이고, 미래 것들의 현재 시간은 기대입니다.[20]

아우구스티누스는 일월성신의 운동이 시간이라는 주장을 거부한다. "나는 한 학자가 태양, 달 및 별들의 운동들이 시간을 구성한다고 말하는 것을 들은 적이 있습니다만 나는 동의하지 않았습니다."[21] 아우구스티누스는 태양이 한 바퀴 도는 것이 하루 24시간이라고 할 수 있으나 태양이 멈춘다 하더라도 시간은 계속 흘러갈 것이라고 한다. 그런 점에서 태양의 운동과 시간은 별개라는 것이다. 아우구스티누스는 시간은 일종의 연장이라고 한다.[22] 또한 아우구스티누

20 Augustine, *Confessions*, 11.20.26, LCC 7:259. "Quod autem nunc liquet et claret, nec futura sunt nec praeterita, nec proprie dicitur: tempora sunt tria, praesens de praeteritis, praesens de praesentibus, praesens de futuris. Sunt enim haec in anima tria quaedam et alibi ea non video, praesens de praeteritis memoria, praesens de praesentibus contuitus, praesens de futuris exspectatio." OSA 2: 485,15-486, 3.

21 Augustine, *Confessions*, 11.23.29, LCC 7:260.

22 Augustine, *Confessions*, 11.23.30, LCC 7:262. "Video igitur tempus quamdam esse distentionem." OSA 2:490, 14-15.

스는 시간은 물체의 운동이라는 주장도 받아들이지 않는다.

어떤 사람이 시간은 물체의 운동이라고 말한다면 당신께서 나에게 동의하라고 명령하겠습니까? 당신은 그렇게 명령하지 않습니다. … 그러므로 시간은 물체의 운동이 아닙니다.[23]

우리는 시간을 재고 있다. 예컨대 우리는 긴 음절, 짧은 음절이라고 말한다. 짧은 음절을 기준으로 하여 긴 음절은 짧은 음절의 배라고 말하기도 한다. 소리는 사라져 없어졌는데, 어떻게 길고 짧은 것을 잴 수 있는가. 아우구스티누스는 그 소리가 우리의 기억에 남아 있기 때문에 우리는 짧은 음절과 긴 음절을 비교할 수 있다고 한다. 결국 긴 시간이니, 짧은 시간이니 하는 것은 우리 영혼 안에서 시간을 잰 것이라고 아우구스티누스는 말한다.

그러므로 나는 그것들을 재지 못합니다. 그것들이 더 이상 존재하지 않기 때문입니다.[24]

오 나의 영혼아, 네 안에서 나는 시간의 기간을 잰다. 그것이 [객관적

---

23 Augustine, *Confessions*, 11.24.31, LCC 7:262. "Iubes ut adprobem, si quis dicat tempus esse motum corporis? Non iubes... . Non ergo tempus corporis motus." OSA 2:491, 2-3.

24 Augustine, *Confessions*, 11.27.35, LCC 7:265-266.

으로] 존재한다고 소리 질러 나를 침묵하게 하지 말라. … 나는 사물들이 지나가면서 너에게 만든 인상 그리고 그것들이 지나간 후 남아 있는 것을 현재 시간으로 잰다. 나는 지나가면서 네게 인상을 남긴 사물들 그 자체들을 재는 것이 아니다.[25]

우리는 여기서 후에 칸트가 구별한 '물 자체'와 '현상'의 구별을 볼 수 있으며, 또한 시간은 우리 안에 있는 감성의 형식이라는 칸트의 주장을 볼 수 있다. 그러나 아우구스티누스는 다른 곳에서 객관적인 시간을 인정하고 있다. "시간의 기간들은 사물들의 변화들에 의해 측량된다."[26] 또한 아우구스티누스는 움직임이 없이는 시간이 없다고 말하였다. "움직임의 변화 없이는 시간이 없으며, 형상이 없는 곳에는 변화가 없다."[27]

전술한 바와 같이 크누틸라는 아우구스티누스의 시간관은 아리스토텔레스에 이미 나타난 것으로 독창적인 사상이 아니라고 보았다.[28] "시간은 영혼 안에 어떤 유형의 존재를 가지고 있다는 것은

---

25 Augustine, *Confessions*, 11.27.36, LCC 7:266. "In te, anime meus, tempora metior. Noli mihi obstrepere, quod est; ... Affectionem, quam res praetereuntes in te faciunt, et cum illae praeterierint, manet, ipsam metior praesentem, non ea quae praeterierunt, ut fieret... ." OSA 2:496, 9-13.

26 Augustine, *Confessions*, 12.8.8, LCC 8:274. "rerum mutationibus fiunt tempora." OSA 2:514, 17.

27 Augustine, *Confessions*, 12.11.14, OSA 2:518, 9-10. "sine varietate motionum non sunt tempora; et nulla varietas, ubi nulla species."

28 아리스토텔레스의 시간관은 그의 저서 『물리학』 제4권 제10장에서 제14장에 나타나

이미 아리스토텔레스에 의해 제안되었다"[29] 하고 크누틸라는 말하였다. 그러나 크누틸라는 아우구스티누스의 시간관에 있는 새로운 점을 인정하기도 하였다. "아우구스티누스의 심리적 시간 이론은 고대 철학에 있어서 새로운 것은 아니라 할지라도, 기억과 예상의 개념들을 통해 시간 의식을 설명하려는 그의 시도에는 새로운 것이 있다."[30]그러나 퀸에 의하면, 아우구스티누스의 심리적 시간관이 어디에서 왔느냐 하는 것은 아직 밝혀지지 않았다. "아직 아무도 아우구스티누스의 심리적 개념의 정확한 근원 혹은 근원들을 지적하지 못했다"[31]고 퀸은 말하였다. 퀸에 의하면 어떤 학자는 아우구스티누스의 시간관이 플로티누스에게서 왔다고 주장한다. "한 견해에 따르면 아우구스티누스의 연장(distention)은 플로티누스의 *diastasis*를 대충 번역한 것이다. 플로티누스에게 있어서 영혼의 삶의 연장은 시간을 포함한다(*enn.* 3.7.11)."[32] 그러나 퀸은 그런 관련성은 단어적인 것이지 실제적인 것이 아니라고 하였다. 플로티누스의 시간관은 자연적-심리적인 것이기라기보다 형이상학적인 것이라고 한다. 플로티누스에게 있어서 "시간은 인간 영혼에 속한

있다. *Physics, The Complete Works of Aristotle*, ed. Jonathan Barnes (Princeton: Princeton University Press, 1984), 369-378.

29 Knuuttila, "Time and Creation in Augustine," 112.

30 Ibid., 113.

31 Quinn, "Time," 835.

32 Ibid.

것이 아니라 제3의 신적 실체인 우주 영혼(the Soul)에 속한다"고 퀸은 말하였다.[33] 그러나 아우구스티누스의 설명 가운데 태양이 12시간 만에 지구를 돌 경우를 가상한 것(*conf.* 11.23.30)은 플로티누스에게서(*Enneads* 3.7.8) 온 것일 수 있으며, 다시 플로티누스의 이런 가상은 우주의 회전의 절반이라는 아리스토텔레스(ph. 4.10.2, 8b1-4)의 가상에서 온 것일 수 있다고 퀸은 말하였다.[34] 또한 퀸에 의하면 어떤 학자는 기억-기대라는 아우구스티누스의 삼분법적 심리적 시간관은 니사의 그레고리에 이미 나타났다고 하였다. "한 학자의 견해에 의하면, 아우구스티누스의 삼분법적 심리적 직선은 기억과 기대를 과거와 미래와 연관시킨 니사의 그레고리에 이미 나타났다."[35] 그러나 퀸은 그레고리는 어떤 구절에서도 과거를 기억과 미래를 기대와 관계시키지 않았다고 말하였다.[36] 퀸은 스토아 철학에도 아우구스티누스의 시간관과 유사한 점들이 있다고 말하였다.

> 어떤 스토아주의자들은 시간 직선은 무한히 분할될 수 있다고 가르친 것 이외에 현재만 엄격히 존재하며 과거와 미래는 현재로 환원된다고 주장하였다. 더욱이 포세이도니우스는 아리스토텔레스에게서 단서

---

33 Ibid.

34 Ibid.

35 Ibid.

36 Ibid.

를 잡아 물리적 시간은 찰나(punctiform)라고 주장하였다. 또한 어떤 스토아주의자들은 아리스토텔레스에 의지하여, 시간은 우주의 움직임을 따르는, 움직임의 diastema, 즉 연장이라고 주장하였다. 즉, 단순하게 말하자면 시간은 계기적인 연속체라고 주장하였다.[37]

퀸이 잘 지적한 바와 같이, 아우구스티누스의 시간관은 어떤 한 사람에게서 왔다고 말할 수 없을 것 같다. 아우구스티누스는 고대 철학자들에 대한 연구에서 영향을 받긴 했지만, 그 나름으로 고대 철학자들의 주장을 독창적으로 종합하여 새로운 시간관을 확립하였다고 할 수 있을 것이다.

전술한 바와 같이 퀸은 아우구스티누스의 시간관을 칸트의 시간관의 원형으로 보는 것은 잘못이라고 말하였다.

더욱이 아우구스티누스의 견해를 칸트의 시간론의 원형으로 보는 것은 잘못이다. 이 두 설명은 피상적 유사점들이 있긴 하지만 본질적으로 다르기 때문이다. 첫째로 칸트는 우리가 움직임 없이 시간을 인식한다고 주장한다. 이것은 경험적으로 입증할 수 없는 주장이다. 아우구스티누스가 말한 시간과 움직임의 상관성은 이것과 정면으로 배치된다. 다음으로 잘 알려진 바와 같이 칸트의 시간은 뉴턴의 절대적 시간을 인간의 감각성에 이동해 놓은 것이다. 그러나 절대적 시간은 입

---

37 Ibid.

증될 수 없으며 모순적인 것이다. 선험적인 관념론적 시간은 아우구스티누스의 기본적인 실재론적 개념과는 달리, 주관적 관념론에 따른 것이다.[38]

칸트가 주관적 시간관을 주장하였다고 해서 객관적 시간을 전적으로 무시했다고 말할 수 없다. 칸트는 누구보다 철저하게 시간을 지킨 것으로 알려졌는데, 그가 엄수한 시간은 지구의 자전을 기준으로 한 객관적 시간이다. 그런 점에서 아우구스티누스와 칸트의 시간관의 차이를 인정할 수 있지만 퀸의 주장은 지나친 감이 없지 않다.

3. 역사

전술한 바와 같이 크리스천은 역사 이해에 있어서 성서를 맹목적으로 받아들이는 아우구스티누스와 철학자로서의 아우구스티누스라는 두 명의 아우구스티누스가 있다는 해석을 강하게 비판하였다.

여기에 두 명의 아우구스티누스들, 즉 성서를 맹목적으로 받아들이는

38 Knuuttila, "Time and Creation in Augustine," 112.

한 사람과 철학자로 사고하는 다른 사람이 있는 것이 아니다. 한 사람의 아우구스티누스가 있는데, 그는 성서 안에서 시간과 역사와 영원의 의미에 대한 새로운 전망과 새로운 조명을 발견하며, 그러고 나서 그의 사고가 그 조명을 탐구하고 그것과 대화하는 아우구스티누스이다.[39]

그러나 피기스는 전술한 바와 같이 아우구스티누스 안에는 두 사람이 존재한다고 말하였다.

아우구스티누스 안에는 리브가의 태중에 있던 에서와 야곱처럼 투쟁하는 두 사람이 있었다. 우선 타가스테, 마다우라, 카르타고, 로마, 밀란의 아우구스티누스, 총명한 소년, 멋있고 활달한 청년 지도자, '이집트의 모든 지혜에 정통한 사람', 고대 문화의 소유자, 수사학자, 변증학자, 로마인 — 세상의 사람, 인문주의를 덧입힌 플라톤주의의 충만한 색채를 가진 성숙한 인문주의자가 있었다. 다음으로 『고백록』과 『설교들』과 『신국론』의 아우구스티누스, 수도사, 금욕주의자, 타계적인 설교자, 성서 주석가, 금욕적인 사제가 있었다.[40]

---

39 Christian, "The Creation of the World," 327.

40 Figgis, *The Political Aspects of St. Augustine's City of God*, 114, quoted in Hardy, "The City of God," 280.

전술한 바와 같이 하디도 피기스에 동의하면서 이렇게 말하였다.

초기의 삶에서는 전자가 지배적이었고 사제와 감독이 되어서는 후자가 지배적이었으며, 『신국론』에서는 두 아우구스티누스가 나타난다.[41]

이들이 주장하는 것처럼 두 사람의 아우구스티누스가 있다고 말할 수 있는가. 후술하는 바와 같이 아우구스티누스는 역사 이해에 있어서 당시의 철학자들이 주장하던 역사 순환설을 거부하였다. 그런 점에서 하나의 아우구스티누스가 있는데 그 아우구스티누스는 어디까지나 성서의 연구에 근거해서 역사를 해석하려고 노력한 아우구스티누스였다고 할 수 있을 것이다.

마커스가 잘 지적한 바와 같이 아우구스티누스에게 있어서는 시간적인(temporal) 것과 역사적(historical)인 것은 구별되었다. 마커스는 아우구스티누스에게 있어서 에덴동산에서의 인간의 삶은 시간적이었으며, 타락 후에 역사적이 되었다고 한다.

모든 역사의 기원은 아담의 타락이었다. 아우구스티누스는 에덴동산에서의 인간의 삶을 시간적인 것으로 보았으나, 엄격한 의미에서 역사적인 것으로 보지 않았다. 시간은 시간적 세계의 창조로 시작하였

---

41 Hardy, "The City of God," 280.

지만, 아담이 죄로 말미암아 창조주와의 연합을 상실함으로써 비로소 역사적이 되었다. 인간 역사는 죄로 말미암아 생긴 하나님으로부터 인간의 소외의 기록이었다.[42]

이런 점에서 아우구스티누스에게 있어서 성서의 역사는 인간 구원의 역사이었다.

또한 마커스는 아우구스티누스를, 역사를 세속화한 것으로 해석하였다.

첫째로 역사의 세속화이다. 이는 성서 정경 밖의 모든 역사는 균등한 것으로 보며, 궁극적 의미에서 본다면 양면 가치적이라는 의미에서이다. 둘째로 로마제국 그리고 국가와 사회 제도 전체의 세속화이다. 이는 이것들이 궁극적인 목적들과 직접적인 관련이 없다는 의미에서이다. 셋째로 교회의 세속화이다. 이는 교회의 사회적 현존은… '저 세상적' 교회와 날카롭게 대립되는 것으로 여겨진다는 의미에서이다.[43]

전술한 바와 같이 아우구스티누스는 역사 이해에 있어서 당시의 철학자들이 주장하던 역사 순환설을 거부하였다.[44] 어떤 철학자들

---

42 Markus, "History," 433.

43 R. A. Markus, *Seculum: History and Society in the Theology of St Augustine* (Cambridge: Cambridge University Press, 1970), 133.

44 안토니누스(Antoninus)는 "만물들은 영원으로부터 같은 형태를 가지고 있으며, 원

은 "자연의 질서의 끊임없는 재생과 반복"이라고 하는 "시간의 주기들"을 주장한다. "그들은 이 주기들이 끊임없이 반복되어 하나가 지나가고 또 다른 것이 온다고 한다."[45] 그들은 앞으로 주기가 오면 플라톤이 아테네의 아카데미아에서 똑같은 학생들을 다시 가르칠 것이며, 이것은 주기적으로 반복될 것이라고 한다.[46] 그러나 아우구스티누스는 이런 학설을 믿어서는 안 된다고 경고한다. "왜냐하면 그리스도가 우리의 죄를 위해 단 한 번 죽고 살아났으며, 그리스도는 더 이상 죽지 않기 때문이다."[47]

아우구스티누스는 하나님이 선으로서 이 세계를 선하게 창조하였으나 무로부터 창조된 피조물은 무로 전락될 가능성이 있다고 보았다. 그래서 존재는 선이며 악은 존재의 결여 혹은 선의 결여이다. 인간은 하나님이 준 자유의지를 하나님과 같이 되려는 교만 때문에, 하나님의 뜻에 반해 사용하여 타락하게 되었으며 그 죄는 자손들에게 유전되어 원죄로 남아 있게 되었다. 하나님은 인간 중에 아벨을 선택하여 하나님에 대한 사랑을 갖고 살게 하였으며, 이런 사람들은 신의 도성을 이루며, 반면에 자기 사랑에 빠진 사람들은 땅의 도성을 이루고 있다.

안에서 돈다"(All things from eternity are of like forms, and come round in a circle)고 말하였다. Quoted in NPNF 1, 2:234, n. 1.

45 Augustine, *The City of God*, 12.13, NPNF 1, 2:234.

46 Ibid.

47 Ibid.

이 역사는 여섯 시대로 나누어질 수 있다. 첫째 시대는 아담으로부터 노아까지이고, 둘째 시대는 노아로부터 아브라함까지이며, 셋째 시대는 아브라함으로부터 다윗까지이며, 넷째 시대는 다윗으로부터 바벨론 포로까지이며, 다섯째 시대는 바벨론 포로로부터 그리스도의 강림까지이며, 여섯째 시대는 그리스도의 화육으로부터 세계의 종말까지이다.[48] 아우구스티누스는 역사를 세 시대로 나누기도 하였는데, 그것은 율법 이전 시대, 율법 시대, 은총 시대 등이다. 또한 아우구스티누스는 역사를 양분하여, 그리스도 이전에 그리스도를 기다리던 시대와 그리스도의 강림 이후 시대로 나누기도 하였다.[49] 아우구스티누스가 이처럼 역사의 시대를 여섯 시대, 세 시대, 두 시대 등 다양하게 나누었지만, 그에게 있어서는 역사에 있어서 가장 중요한 사건은 그리스도의 화육이었다. 아우구스티누스는 이런 직선적인 역사관을 가지고 있었기 때문에 전술한 바와 같이 당시 철학자들의 순환적인 역사관을 비판하였다.

땅의 도성은 자기 사랑에 의해 지배를 받으며 하늘의 도성은 하나님 사랑에 의해 지배를 받는다.

> **따라서 두 도성은 두 사랑에 의해 형성되었다. 땅의 도성은 자기 사랑에 의해 형성되었는데, 하나님을 경멸하기까지 한다. 하늘의 도성은**

---

48 Augustine, *De Genesi contra Manichaeos*, 1.23.35-40, OSA 15:333-338.

49 Cf. Markus, "History," 433.

하나님 사랑에 의해 형성되었는데, 자기를 경멸하기까지 한다. 한마디로 말해 전자는 자기를 자랑스럽게 생각하고, 후자는 주님을 자랑스럽게 생각한다. 전자는 사람들로부터 영광을 구하지만, 후자의 최고의 영광은 양심의 증인인 하나님이다.[50]

땅의 도성에서는 지도자들이 군림하지만, 하늘의 도성에서는 지도자들이 섬긴다.

땅의 도성에서는 제후들과 민족들이 지배욕에 의해 지배를 받지만, 하늘의 도성에서는 제후들과 신민들이 사랑 안에서 서로 섬기는데 신민은 복종하고 제후는 모두를 생각한다.[51]

그러나 역사 속에서는 천상의 도성과 지상의 도성이 어떤 관련성을 가지고 있다. 신앙에 따라 살지 않는 지상의 도성은 땅의 평화를 구한다. 그것이 표방하는 목표는 시민적 복종과 통치의 질서 있는 조화 속에서 현세의 삶에 유익한 것들을 달성하기 위하여 사람들의 의지를 결합하는 것이다. 땅 위에 잠시 체류하면서 신앙에 의해 사는 천상의 도성, 혹은 더 낫게 말해 천상의 도성의 일부는, 지상의 평화를 필요로 하는 이 가사적 상황이 지나갈 때까지 꼭

50 Augustine, *The City of God*, 14.28, NPNF 1, 2:282-283.

51 Augustine, *The City of God*, 14.28, NPNF 1, 2:283.

필요할 경우에만 지상의 평화를 사용한다. 천상의 도성은 이미 구속의 약속을 받았으며 또한 구속의 예표로 성령의 선물을 받았지만, 지상의 도성 안에서 포로와 이방인처럼 살고 있는 한, 지상의 도성의 법에 복종하기를 꺼리지 않는다. 지상의 도성에 의해 이 가사적 삶의 유지를 위해 필수적인 것들이 관리된다. 그래서 현세의 삶이 두 도성에 공통적인 것처럼 현세에 속한 것들에 관하여는 두 도성 사이에 일치가 있다.[52] 이 천상의 도성은 지상에서 잠시 체류하는 동안 모든 민족에서 시민들을 부르고 모든 방언에서 순례자들의 사회를 모은다. 이 천상의 도성은 지상의 평화를 확보하고 유지하는 데 필요한 예절, 법률, 제도들의 다양성을 문제 삼지 않으며, 이것들이 아무리 다양하다 하더라도 지상의 평화라고 하는 하나의 동일한 목표를 지향하고 있음을 인정한다. 천상의 도성은 한 분 지고하시고 참된 하나님을 예배하는 데 장애가 없기만 하다면, 이들 다양성들을 폐지하거나 없애지 않으며 나아가서 그 다양성들을 보존하고 채택한다. 천상의 도성은 순례의 상황 중에 지상의 평화를 이용한다. 천상의 도성은 신앙과 경건을 해치지 않는 한, 삶의 필수품들을 얻기 위해서 사람들 사이에 존재하는 공동적인 일치를 바라고 유지하며, 이 지상의 평화가 천상의 평화와 관련을 맺게 한다.[53] 우리가 이런 아우구스티누스의 사상을 볼 때 아우구스

---

52 Augustine, *The City of God*, 19.17, NPNF 1, 2:412.

53 Augustine, *The City of God*, 19.17, NPNF 1, 2:412-413.

티누스에게는 천상의 도성, 지상의 도성, 인간의 도성 등 세 도성이 있다고 말할 수 있을 것 같다. 아우구스티누스는 최후의 심판 이후에 그리스도의 도성과 악마의 도성이 나누어질 것이라 말하고 있다.

부활 후에 전체 심판이 전개되고 완료되었을 때, 두 도성, 즉 그리스도의 도성과 악마의 도성을… 위해 경계선들이 획정될 것이다.[54]

그런 점에서 하디가 세 왕국에 관해 말한 것은 타당성이 있지만 하나님의 왕국, 사탄의 왕국, 인간들의 왕국이라고[55] 명명한 것은 다소 문제가 있다고 하겠다. 오히려 천상의 도성, 지상의 도성, 인간의 도성이 있다고 말하는 것이 좋을 것 같다.

우리가 저 평화에 도달하게 되었을 때 이 가사적 삶은 영원한 삶에 자리를 내어 줄 것이며, 우리의 몸은 더 이상, 그 부패성으로 말미암아 영혼을 가라앉게 하는, 이 동물적 몸이 아닐 것이며, 아무런 결핍을 느끼지 않는 영적 몸이 될 것이며, 그 몸의 모든 지체가 그 의지에 복종할 것이다. 천상의 도성은 그 순례의 상황에서 신앙으로 말미암아 이 평화를 소유한다. 천상의 도성은 이 신앙에 의해 의롭게 산다. 천상의 도

---

54 Augustine, *Enchiridion*, 29.111, LCC 7:406.
55 Hardy, "The City of God," 279.

성은 하나님과 사람을 향한 모든 선행을 저 평화의 달성으로 본다. 이 도성의 삶은 사회적 삶이기 때문이다.[56]

4. 종말

아우구스티누스는 처음에는 천년왕국설을 따르고 있었다. 그는 한 설교에서 "주님이 그의 성도들과 함께 땅 위에서 통치할 것이다"라고 말하였다.[57] 그러나 아우구스티누스는 400년경 천년왕국설을 버렸다.[58] 그의 『신국론』에서는 그리스도의 초림에서 재림까지를 천년왕국의 기간으로 보았다. "악마가 결박되고 성도들이 천 년 동안 그리스도와 함께 통치한다는 것은 그리스도의 첫 강림의 기간으로 이해된다."[59] 아우구스티누스는 또한 "교회가 지금 그리스도의 왕국이고 하늘의 왕국이다"라고 말하였다.[60]

아우구스티누스 안에 연옥 사상이 있는가 하는 것은 논쟁되는 문제이다. 투르멜(Turmel)은 아우구스티누스가 연옥의 존재를 주

---

56 Ibid.

57 *Sermons* 259.2, quoted in Portalié, *A Guide to the Thought of Saint Augustine*, 290.

58 Cf. Markus, "History," 433.

59 Augustine, *The City of God*, 20.9, NPNF 1, 2:429.

60 Augustine, *The City of God*, 20.9, NPNF 1, 2:430.

장하지 않았으며, 생애의 말년에 가서 겨우 그 존재를 용인할 정도였다고 하였다.[61] 반대로 포르탈리에는 "연옥의 존재는 아우구스티누스의 저작들 안에 절대적으로 분명히 나타난다"고 말하였다.[62] 아우구스티누스는 『신국론』에서 고린도전서 3장과 관련하여 이렇게 말하였다.

> 이 몸의 죽음과 그리고 부활 이후 심판과 징벌 그 사이의 기간에 있어서 죽은 자들의 몸들이 불—이 불은 현세에서 나무나 풀이나 짚과 같이 불태워질 쾌락과 일에 빠지지 않은 자들에게는 영향을 미치지 않고, 이런 종류로 건물을 지은 자들에게 영향을 미칠 것이다—에 접할 것이라고 말한다면 그리고 사소한 세속성이 징벌의 불에서, 단지 여기에서만, 혹은 여기와 내세 모두에서, 혹은 내세에 있지 않기 위해 여기에서 불살라질 것이라고 말한다면, 나는 이에 반대하지 않을 것이다. 왜냐하면 아마 그것이 사실일 것이기 때문이다.[63]

그러나 아우구스티누스가 『신국론』 2장에서 불을 현세의 고난으로 해석하기도 하였다. "그는 환난을 불이라고 부른다"[64]고도 말했으며, "세상의 끝에 적그리스도의 시대에 전에 없었던 환난이

61 Cited by Portalié, *A Guide to the Thought of Saint Augustine*, 295.

62 Portalié, *A Guide to the Thought of Saint Augustine*, 295.

63 Augustine, *The City of God*, 21.26, NPNF 1, 2:474-475.

64 Augustine, *The City of God*, 21.26, NPNF 1, 2:474.

있을 것이다. 그때에 최상의 기초인 그리스도 예수 위에 세워진 금이나 풀로 된 건물들이 불로 시험을 받을 것이다. 어떤 사람들에게는 기쁨을 주고 어떤 사람들에게는 상실감을 줄 것이다. 그러나 튼튼한 기초 때문에 아무도 멸망 받지 않을 것이다"[65]라고도 말했다. 또한 『편람』에서는 "죽은 자들의 영혼들은 살아 있는 친구들이 죽은 자들을 위해 중보자 그리스도의 희생을 바치거나 교회 안에서 구제물을 바칠 때 그들의 경건에 의해 도움을 받는다는 것을 부정할 수 없다"[66]고 말하였다. 이상의 구절들을 볼 때, 아우구스티누스는 불을 현세에서의 정화의 불로 해석하기도 하였지만, 다른 한편으로 사후의 정화의 불로도 해석하였다고 말할 수밖에 없을 것 같다.

아우구스티누스는 인간의 죽음과 최후의 부활 사이의 중간 상태에 대해 이렇게 말하였다. "한 인간의 죽음과 최후의 부활 사이의 기간 동안 그의 영혼을 위한 은밀한 안식처가 있다. 각 영혼은 그 영혼이 육체 안에 살아 있는 동안 이룩한 공적에 따라 안식이나 고통을 받게 된다."[67]

최후의 부활 후에는 그리스도의 도성과 악마의 도성이 나누어질 것이다.

---

65 Augustine, *The City of God*, 21.26, NPNF 1, 2:475.

66 Augustine, *Enchiridion*, 29.109, LCC 7:405.

67 Ibid.

부활 후에 전체 심판이 전개되고 완료되었을 때, 두 도성, 즉 그리스도의 도성과 악마의 도성, 즉 천사들과 인간들을 포함하여 선한 자들을 위한 도성과 악한 자들을 위한 도성을 위해 경계선들이 획정될 것이다. 전자의 집단에는 죄를 짓고자 하는 의지가 없을 것이며, 후자의 집단에는 죄를 지을 힘도 없고 더 이상 죽을 가능성도 없을 것이다. 첫째 공화국의 시민들은 영원한 생명 가운데 계속하여 진실하고 행복하게 살아갈 것이다. 둘째 집단은 영원한 죽음 가운데 죽을 권리도 없이 계속 비참하게 살아갈 것이다. 그때 두 사회의 상황은 고정될 것이며 끝이 없을 것이다. 그러나 첫째 도성에 있어서 어떤 자들은 축복에 있어서 다른 자들을 능가할 것이며, 둘째 도성에 있어서 어떤 자들은 다른 자들보다 불행의 짐이 가벼울 것이다.[68]

아우구스티누스는 악마의 도성에도 형벌의 완화가 있을 수 있다고 보았다.

어떤 사람들이 그렇게 생각하기를 좋아한다면, 시간의 어떤 기간 동안 저주받은 자들의 형벌이 다소 완화된다고 생각하게 내버려 두라 …. 이것은 그들의 영원한 고통을 끝내는 것이 아니라 그들의 고통에 있어서 작은 휴식을 주는 것이다.[69]

---

68 Augustine, *Enchiridion*, 29.111, LCC 7:406.

69 Augustine, *Enchiridion*, 29.112, LCC 7:407.

한편 고백록을 보면 아우구스티누스는 현세에서도 하늘의 신비를 체험할 수 있는 것으로 생각하고 있음을 알 수 있다. 387년 이탈리아 오스티아에 있는 한 별장에서 이제 막 세례를 받은 아우구스티누스와 그의 어머니 모니카가 대화를 나누고 있었다. 특히 그들은 성도들의 영원한 삶이 어떠할 것인가 하는 문제에 대해서 이야기하고 있었다.

> 우리의 대화가 앞으로 올 저 삶의 감미로움에 비교했을 때, 최상의 육체적 감각과 가장 강한 육체적 빛의 조명이 비교할 가치도 없고 언급할 가치도 없는, 그 경지로 우리를 이끌었을 때, 우리는 자기 자신인 분(the Selfsame)을 향한 더욱 열렬한 사랑으로 우리를 고양하였으며, 우리는 점점 물체적 대상들의 수준을 지나갔으며, 나아가서 태양과 달과 별들이 땅을 비추는 그 하늘을 지나갔습니다. 참으로 우리는 당신의 일들에 대해 내적으로 명상하고 이야기하고 감탄하면서 더 높이 올라갔습니다.[70]

그 두 사람은 신성 자체를 감촉하게 되었고, 무아경의 환희를 체험하였다.[71] 이 체험 이후에 모니카는 아우구스티누스에게 이렇

---

70 Augustine, *Confessions*, 9.10.24, LCC 7:193.

71 Cf. Colleen McDannell and Bernhard Lang, *Heaven: A History* (New Haven: Yale University Press, 1990), 55.

게 말하였다. “아들아, 나는 이생에서 더 이상 어떤 것에서도 어떤 즐거움도 찾을 수가 없구나. 이 세상에서의 나의 희망들이 이루어졌기 때문에 여기서 내가 더 바랄 것이 무엇이며, 내가 여기에 있어야 할 이유를 모르겠다.” 그리고 모니카는 얼마 지나지 않아 숨을 거두었다. 모니카는 임종 자리에서 장지 문제로 걱정하는 아들들에게 이렇게 말하였다. “이 육신은 어느 곳에든 묻어라. 그 문제 때문에 걱정하지 말라. 내가 단 한 가지를 부탁한다. 너희가 어느 곳에 있든지 주님의 제단 앞에 있는 나를 기억하여라.”[72]

5. 결언

본고에서는 아우구스티누스의 역사 이해를 중심으로 한 여러 학자의 견해들을 살펴보면서 아우구스티누스의 시간관, 역사관, 종말관 등을 고찰하였다.

큉은 아우구스티누스를 위대한 역사 신학자로 보았다. 반면에 마커스는 아우구스티누스는 역사라는 말의 현대적 의미에 있어서든지 아니면 아우구스티누스 당시에 이해된 의미에 있어서든지 간에 역사적 저작들을 쓰지 않았다고 말함으로써 역사에 대한 아우구스티누스의 관심을 다소 낮게 평가하였다. 이에 반해, 하디

72 Augustine, *Confessions*, 9.11.27, LCC 7:195.

는 아우구스티누스는 그가 이용할 수 있는 최상의 성서적, 역사적 연구를 사용하였으며, 사실상 때때로 역사 비평을 하기도 하였다고 말함으로써 아우구스티누스의 역사 연구를 높이 평가하였다. 본 연구에 의하면 아우구스티누스는 역사에 대한 깊은 연구를 하였으며, 그 연구에 근거하여 그의 역사 신학을 수립하였다. 그러나 그는 토인비와 같은 역사학자라기보다 헤겔과 같은 역사 철학자였다고 말할 수 있을 것이다.

아우구스티누스에 의하면 하나님이 창조하기 전에는 영원이 있었다. 그래서 아우구스티누스는 시간은 창조와 함께 시작된 것으로 본다. 환언하면 시간도 창조와 함께 창조된 것으로 본다. 아우구스티누스는 과거, 현재, 미래 세 시간이 있는 것이 아니라 다만 현재 시간만 있으며, 과거는 현재의 기억으로, 미래는 현재의 기대로 현재한다고 주장하였다. 우리는 시간을 재고 있다. 예컨대 우리는 긴 음절, 짧은 음절이라고 말한다. 짧은 음절을 기준으로 하여 긴 음절은 짧은 음절의 배라고 말하기도 한다. 소리는 사라져 없어졌는데, 어떻게 길고 짧은 것을 잴 수 있는가. 아우구스티누스는 그 소리가 우리의 기억에 남아 있기 때문에 우리는 짧은 음절과 긴 음절을 비교할 수 있다고 한다. 결국 긴 시간이니, 짧은 시간이니 하는 것은 우리 영혼 안에서 시간을 잰 것이라고 아우구스티누스는 말한다. 크누틸라는 아우구스티누스의 시간관은 아리스토텔레스에 이미 나타난 것으로 독창적인 사상이 아니라고 보았다. 반면에 퀸에 의하면, 아우구스티누스의 심리적 시간관이 어디에서 왔느냐

하는 것은 아직 밝혀지지 않았다. 퀸이 잘 지적한 바와 같이, 아우구스티누스의 시간관은 어떤 한 사람에게서 왔다고 말할 수 없을 것 같다. 아우구스티누스는 고대 철학자들에 대한 연구에서 영향을 받긴 했지만, 그 나름으로 고대 철학자들의 주장을 독창적으로 종합하여 새로운 시간관을 확립하였다고 할 수 있을 것이다. 지금까지 아우구스티누스의 시간관이 칸트를 비롯한 후대의 시간관에 영향을 미친 것으로 여겨 왔으나 퀸은 아우구스티누스의 시간관을 칸트의 시간관의 원형으로 보는 것은 잘못인데, 이는 이 두 설명이 피상적 유사점들이 있긴 하지만 본질적으로 다르기 때문이라고 말하였다. 퀸은 선험적인 관념론적 시간은, 아우구스티누스의 기본적인 실재론적 개념과는 달리, 주관적 관념론에 따른 것이라고 말하였다. 그러나 칸트가 주관적 시간관을 주장하였다고 해서 객관적 시간을 전적으로 무시했다고 말할 수 없다. 칸트는 누구보다 철저하게 시간을 지킨 것으로 알려졌는데, 그가 엄수한 시간은 지구의 자전을 기준으로 한 객관적 시간이다. 그런 점에서 아우구스티누스와 칸트의 시간관의 차이를 인정할 수 있지만 퀸의 주장은 지나친 감이 없지 않다.

크리스천은 역사 이해에 있어서 성서를 맹목적으로 받아들이는 아우구스티누스와 철학자로서의 아우구스티누스라는 두 명의 아우구스티누스가 있다는 해석을 강하게 비판하였다. 그러나 피기스는 아우구스티누스 안에는 리브가의 태중에 있던, 에서와 야곱처럼 투쟁하는 두 사람이 있었는데, 즉 고대 문화의 소유자, 인문주의를 덧입힌 플라톤주의의 충만한 색채를 가진 성숙한 인문주의자인 아우구스티누스와 『고백록』과 『설교들』과 『신국론』의 저자, 성서 주석가, 금욕적인 사제인 아우구스티누스가 있었다고 말하였다. 하디도 피기스에 동의하면서 초기의 삶에서는 전자가 지배적이었고 사제와 감독이 되어서는 후자가 지배적이었으며, 『신국론』에서는 두 아우구스티누스가 나타난다고 말하였다. 그러나 살펴본 바와 같이 아우구스티누스는 당시 철학자들의 해석을 모두 거부하였다. 하나의 아우구스티누스가 있는데 그 아우구스티누스는 어디까지나 성서의 연구에 근거해서 역사를 해석하려고 노력한 아우구스티누스였다고 할 수 있을 것이다. 아우구스티누스는 하나님이 선으로서 이 세계를 선하게 창조하였으나 무로부터 창조된 피조물은 무로 전락될 가능성이 있다고 보았다. 그래서 존재는 선이며 악은 존재의 결여 혹은 선의 결여이다. 인간은 하나님이 준 자유의지를 하나님과 같이 되려는 교만 때문에 하나님의 뜻에 반해 사용하여 타락하게 되었으며, 그 죄는 자손들에게 유전되어 원죄로 남아 있게 되었다. 하나님은 인간 중에 아벨을 선택하여 하나님에 대한 사랑을 갖고 살게 하였으며, 이런 사람들은 신의 도성을 이루며, 반면에 자기 사랑에 빠진 사람들은 땅의 도성을 이루고 있다. 아우구스티누스는 현재는 천상의 도성과 땅의 도성이 혼재해 있지만 최후의 심판 이후에 그리스도의 도성과 악마의 도성이 나누어질 것이라고 말하였다.

종말론에 있어서 아우구스티누스는 처음에는 천년왕국설을

따르고 있었다. 그러나 아우구스티누스는 400년경 천년왕국설을 버렸다. 그의 『신국론』에서는 그리스도의 초림에서 재림까지를 천년왕국의 기간으로 보았다. 연옥설과 관련하여 투르멜은 아우구스티누스가 연옥의 존재를 주장하지 않았으며, 생애의 말년에 가서 겨우 그 존재를 용인할 정도였다고 하였다. 반대로 포르탈리에는 연옥의 존재는 아우구스티누스의 저작들 안에 절대적으로 분명히 나타난다고 말하였다. 아우구스티누스는 『신국론』에서 고린도전서 3장과 관련하여 연옥의 존재의 가능성을 인정하였다. 아우구스티누스는 한 인간의 죽음과 최후의 부활 사이의 기간 동안 그 영혼이 육체 안에 살아 있는 동안 이룩한 공적에 따라 안식이나 고통을 받게 된다고 말하였다. 그리고 아우구스티누스는 부활 후에 전체 심판이 전개되고 완료되었을 때, 두 도성, 즉 그리스도의 도성과 악마의 도성, 즉 천사들과 인간들을 포함하여 선한 자들을 위한 도성과 악한 자들을 위한 도성을 위해 경계선들이 획정될 것이라고 말하였다. 첫째 공화국의 시민들은 영원한 생명 가운데 계속하여 진실하고 행복하게 살아갈 것이지만, 둘째 집단은 영원한 죽음 가운데 죽을 권리도 없이 계속 비참하게 살아갈 것이라고 하였다. 그때 두 사회의 상황은 고정될 것이며 끝이 없을 것이라고 하였다. 아우구스티누스는 악마의 도성에도 형벌의 완화가 있을 수 있다고 보았다. 한편 『고백록』을 보면 아우구스티누스는 현세에서도 하늘의 신비를 체험할 수 있는 것으로 생각하고 있음을 알 수 있다. 387년 이탈리아 오스티아에 있는 한 별장에서 아우구스티누스와 그의 어머니 모니카가 성도들의 영원한 삶이 어떠할 것인가 하는 문제에 대해서 이야기하고 있었다. 그때 그 두 사람은 신성 자체를 감촉하게 되었고, 무아경의 환희를 체험하였다. 이후에 그는 이때 느낀 영원한 삶에 대한 기쁨은 사람들이 육체로 경험할 수 있는 기쁨들과는 비교할 수 없는 것이었다고 회상하였다.

맺음말

아우구스티누스의 인식론은 데카르트를 통해 현대 인식론에 큰 영향을 미쳤다. 또한 아우구스티누스의 사상은 아우구스티누스 부흥 운동인 얀센주의에 영향을 미쳤으며, 또한 얀센주의자인 파스칼을 통해 현대 실존주의에도 큰 영향을 미쳤다.

루터는 아우구스티누스수도회의 수도사였기 때문에 루터의 운동 그리고 루터의 운동과 함께 시작한 종교개혁 운동은 아우구스티누스 부흥 운동이라고 할 수 있다. 루터의 이신득의론은 아우구스티누스의 신학을 재발견한 것이라고 할 수 있다.

그럼에도 불구하고 종교개혁 운동은 여러 갈래로 나누어졌다. 그 이유는 불분명하다. 종교개혁자들이 아우구스티누스를 바르게 이해하지 못한 때문일 수도 있고, 아니면 그들이 아우구스티누스를 철저하게 따르지 않은 이유 때문일 수도 있다.

한국교회에서는 아직 삼위일체론이 정확하게 이해되지 못한 것 같다. 많은 사람을 삼위일체론 이단이라고 비판한 목회자가 그 자신이 삼위일체론의 이단이라는 비판을 받은 적도 있다. 미국의 하나님 성회도 삼위일체론 때문에 분열되었다. 아우구스티누스의 삼위일체론에 대한 정확한 이해가 필요한 이유이다.

루터파와 개혁파의 분열은 성찬론으로부터 시작되었지만, 사실은 그리스도론에 기인한 것이었다. 개혁파는 루터파가 주장하는 그리스도 인성의 편재설을 받아들일 수 없었고, 루터파는 extra Calvinisticum을 받아들일 수 없었다. 아우구스티누스의 그리스도론에 대한 정확한 이해가 필요하다. 반드시 아우구스티누스의 그리스도론을 받아들여야 하는 것은 아니다. 일단 이해하고 난 후 받아들일 수도 있고 거부할 수도 있을 것이다.

1999년 10월 31일, 종교개혁 482주년을 맞이하여, 로마가톨릭교회와 루터교회 사이에 득의론에 관한 공동 선언("Joint Declaration on the Doctrine of Justification on October 31, 1999 in Augsburg Germany")이 발표되었다. 이 선언 마지막 부분에서는 득의론에 관한 한 루터교회와 로마가톨릭교회가 상호 비난할 일이 없다고 말하였다. "이 선언에 제시된 루터 교회들의 가르침은 트렌트공의회의 정죄들 아래 있지 않다. 루터교 신앙고백들 안에 있는 정죄들은 이 선언에 제시된 로마카톨릭교회의 가르침에 해당되지 않는다." 그러나 여전히 차이가 남아 있다. 아우구스티누스에게 해답이 있을 수 있다.

아우구스티누스의 교회론은 현대 에큐메니칼 시대에 다시 주목을 받아 왔다. 아우구스티누스는 교회는 그리스도의 몸으로 분열해서는 안 되며, 하나의 가톨릭교회의 사랑의 일치에서 분열해 나가는 것은 배교보다도 더 나쁜 것이라고 주장하였다.

아우구스티누스에 의하면 하나님이 창조하기 전에는 영원이 있었다. 그래서 아우구스티누스는 시간은 창조와 함께 시작된 것으로 본다. 환언하면 시간도 창조와 함께 창조된 것으로 본다. 아우구스티누스는 과거, 현재, 미래 세 시간들이 있는 것이 아니라 다만 현재 시간만 있으며, 과거는 현재의 기억으로, 미래는 현재의 기대로 현재한다고 주장하였다. 아우구스티누스는 역사적 인물로 사라진 것이 아니다. 역사와 함께 계속 살아왔다. 앞으로도 현재와 함께 살게 될 것이다.

참 고 문 헌

1. 일차문헌

1) 아우구스티누스

Augustine. *Aurelii Augustini Opera.* Corpus Christianorum Series Latina. Tournhouti Brepols, 1956. Volume 39.

_______. *Obras de San Agustin.* Biblioteca de Autores Cristianos. Madrid: La Editorial Catolica, S.A., 1968-.

_______. A Select Library of the Nicene and Post-Nicene Fathers of the Christian Church. First Series. 14 vols. Grand Rapids, Michigan: Wm. B. Eerdmans Publishing Company, 1983-1987. Volume 1-8.

_______. *Letters.* The Fathers of the Church. Washington D.C.: Catholic University of America Press, 1955. Volume 30.

_______. *The Retractations.* The Fathers of the Church. Washington D.C.: Catholic University of America Press, 1968. Volume 60.

2) 기타

Aquinas, Thomas. *Summa Theologica* in *Basic Writings of Saint Thomas Aquinas*, Edited and annotated, with an introduction by Anton C. Pegis. New York: Random House, 1945.

Aristotle. *Physics. The Complete Works of Aristotle.* Edited by Jonathan Barnes. Princeton: Princeton University Press, 1984.

Arius. "The Letter of Arius to Eusebius of Nicomedia." The Library of Christian Classics. 26 vols. Philadelphia: The Westminster Press, 1960. Volume 3.

Basil of Caesarea. *Letters*. A Select Library of the Nicene and Post-Nicene Fathers of the Christian Church. Second Series. 14 vols. Grand Rapids, Michigan: Wm. B. Eerdmans Publishing Company, 1983-1987. Volume 8.

Calvin, John. *Mutual Consent in regard to Sacraments*. Calvin's Tracts and Treatises. 3 vols. Grand Rapids, Michigan: Wm. B. Eerdmans Publishing Company, 1958.

_______. *Calvin: Institutes of the Christian Religion*. Edited by John T. McNeill and translated by Ford Lewis Battles. The Library of Christian Classics. 26 vols. Philadelphia: The Westminster Press, 1960. Volume 20-21.

_______. *Joannis Calvini Opera Selecta*. Edited by P. Barth and W. Niesel. 5 vols.; Monachii in Aedibus: Chr. Kaiser, 1962.

_______. *Calvin's Commentaries*. Various translators. 45 vols. Grand Rapids, Michigan: Baker Books, 2009.

Cyprian. *On the Unity of the Catholic Church. Early Latin Theology*. The Library of Christian Classics. 26 vols. Philadelphia: The Westminster Press, 1956. Volume. 5.

Descartes, Rene. *Discourse on Method & Meditations on First Philosophy*. BN Publishing, 2007.

Eusebius. *Church History*. A Select Library of the Nicene and Post-Nicene Fathers of the Christian Church. Second Series. 14 vols. Grand Rapids, Michigan: Wm. B. Eerdmans Publishing Company, 1983-1987. Volume 1.

Gregory of Nazianzus. *The Theological Orations*. The Library of Christian Classics. 26 vols. Philadelphia: The Westminster Press, 1960. Volume 3.

Hilary. *On the Trinity*. A Select Library of the Nicene and Post-Nicene Fathers of the Christian Church. Second Series. 14 vols. Grand Rapids,

Michigan: Wm. B. Eerdmans Publishing Company, 1983-1987. Volume 9.

Kant, Immanuel. *Immanuel Kant's Critique of Pure Reason.* Translated by Norman Kemp Smith. London: MacMillan & Co Ltd, 1929.

Luther, Martin. *Luthers Werke.* Kritische Gesamtausgabe. Weimar: Böhlau, 1883ff.

_______. *Luther's Works.* American Edition. Edited by Jaroslav Pelikan and Helmut Lehman. 55 vols. Philadelphia and St. Louis: Fortress Press and Concordia Pub. House, 1955ff.

Novatian. *A Treatise of Novatian Concerning the Trinity*, 27. Ante-Nicene Fathers: The Writings of the Fathers Down to A.D. 325. 10 vols. Grand Rapids, Michigan: Wm. B. Eerdmans Publishing Company, 1983-1987. Volume 5.

Origen. *On First Principles.* Translated by G. W. Butterworth. Gloucester, Mass.: Peter Smith, 1973.

_______. *Against Celsus.* Ante-Nicene Fathers: The Writings of the Fathers Down to A.D. 325. 10 vols. Grand Rapids, Michigan: Wm. B. Eerdmans Publishing Company, 1983-1987. Volume 4.

Socrates, *Church History.* A Select Library of the Nicene and Post-Nicene Fathers of the Christian Church. Second Series. 14 vols. Grand Rapids, Michigan: Wm. B. Eerdmans Publishing Company, 1983-1987. Volume 2.

Spinoza, Baruch. *Ethics. Spinoza: Complete Works.* Translated by Samuel Shirley. Indianapolis: Hackett Publishing Company, Inc., 2002.

Tappert, Theodore Gerhardt (ed. and trans.). *Luther: Letters of Spiritual Counsel.* The Library of Christian Classics. 26 vols. Philadelphia: The Westminster Press, 1955. Vol. 18.

_______. *The Book of Concord.* Philadelphia: Fortress Press, 1959.

Tertulian. *Against Praxeas*, 2. Ante-Nicene Fathers: The Writings of the Fathers

Down to A.D. 325. 10 vols. Grand Rapids, Michigan: Wm. B. Eerdmans Publishing Company, 1983-1987. Volume 3.

_______. *The Prescriptions against the Heretics*, 7. The Library of Christian Classics. 26 vols. Philadelphia: The Westminster Press, 1956. Volume 5.

Wesley, John. *The Works of John Wesley.* 14 vols. Peabody, Mass.: Hendrickson, 1991.

2. 이차문헌

Aulén, Gustaf. *Christus Victor: An Historical Study of the Three Main Types of the Idea of the Atonement.* Translated by A. G. Hebert. London: S.P.C.K., 1978.

Barth, Karl. *Church Dogmatics.* Translate by. G. W. Bromiley. 14 vols. Edinburgh: T. & T. Clark, 1980. Volume 2/2.

Bonner, Gerald. *St. Augustine of Hippo.* Philadelphia: The Westminster Press, 1986.

Brown, Peter. *Augustine of Hippo: A Bibliography. A New Edition with an Epilogue.* Berkeley and Los Angeles, California: University of California Press, 2000.

Bubacz, Bruce. *St. Augustine's Theory of Knowledge: A Contemporary Analysis.* Lewiston, New York: The Edwin Mellen Press, 1981.

Chadwick, Henry. *Augustine of Hippo: A Life.* Oxford: Oxford University Press, 2009.

Christian. William A. "The Creation of the World." *A Companion to the Study of St. Augustine.* Edited by Roy W. Battenhouse. Grand Rapids, Michigan: Baker Book House, 1979.

Cochrane, Charles Norris. *Christianity and Classical Culture: A Study of*

Thought and Action from Augustus to Augustine. London: Oxford University Press, 1944.

Daley, Brian E. S. J. "Christology." *Augustine through the Ages: An Encyclopedia*. Edited by Allan D. Fitzgerald, O.S.A. Grand Rapids, Michigan: William B. Eerdmans Publishing Company, 1999.

Copleston, Frederick. S. J. *A History of Philosophy*. 9 vols. London: Search Press, 1976.

Dawson, Christopher. "St. Augstine and His Age." *Saint Augustine*. New York: Meridian Books, 1957.

Deane, Herbert A. The *Political and Social Ideas of St. Augustine*. New York: Columbia University Press, 1963.

Dillistone, Frederick W. "The Anti-Donatist Writings." *A Companion to the Study of St. Augustine*. Edited by Roy W. Battenhouse. Grand Rapids, Michigan: Book House, 1979.

Drobner, Hubertus R. *The Fathers of the Church*. Translated by Siegfried S. Schatzmann. Peabody, Massachusetts: Hendrickson Publishers, Inc., 2007.

Fitzgerald, Allan D.O.S. A. (ed.). *Augustine through the Ages: An Encyclopedia*. Edited by Allan D. Fitzgerald, O.S.A. Grand Rapids, Michigan: William B. Eerdmans Publishing Company, 1999.

Frend, W. H. C. *Martyrdom and Persecution in the Early Church*. New York: New York University Press, 1967.

_______. *The Early Church*. London: Hodder and Stoughton, 1968.

George, Timothy. *Theology of the Reformers*. Nashville, Tennessee: Broadman Press, 1988.

Gilson, Etienne. *The Christian Philosophy of Saint Augustine*. Translated by L. E. M. Lynch. London: Victor Gollancz LTD, 1961.

González, Justo L. *A History of Christian Thought*. 3 vols. Nashville: Abingdon Press, 1983.

Hardy, Edward R. Jr. "The City of God." *Augustine through the Ages: An Encyclopedia.* ed. Allan D. Fitzgerald, O.S.A. (Grand Rapids, Michigan: William B. Eerdmans Publishing Company, 1999), 269.

Harnack, Adolf. *History of Dogma.* Translated by Neil Buchanan. 7 vols. Gloucester, Mass.: Peter Smith, 1976.

Hessen, Johannes. 『인식론』. 이강조 역. 서울: 서광사, 1989.

Kelly, J. N. D. *Early Christian Doctrines.* London: Adam & Charles Black, 1980.

Knuuttila, Simo. "Time and Creation in Augustine," *The Cambridge Companion to Augustine.* ed. Eleonore Stump and Norman Kretzmann. Cambridge: Cambridge University Press, 2001.

Küng, Hans. *Great Christian Thinkers.* Translated by John Bowden. London: SCM Press, 1994.

Lehmann, Paul. "The Anti-Pelagian Writings." *A Companion to the Study of St. Augustine.* Edited by Roy W. Battenhouse. Grand Rapids, Michigan: Baker Book House, 1979.

Mallard, William. "Jesus Christ." *Augustine through the Ages: An Encyclopedia.* Edited by Allan D. Fitzgerald, O.S.A. Grand Rapids, Michigan: William B. Eerdmans Publishing Company, 1999.

Markus, Robert, A. *Seculum: History and Society in the Theology of St Augustine.* Cambridge: Cambridge University Press, 1970.

_______. "History." *Augustine through the Ages: An Encyclopedia.* ed. Allan D. Fitzgerald, O.S.A. Grand Rapids, Michigan: William B. Eerdmans Publishing Company, 1999.

McDannell, Colleen and Lang, Bernhard. *Heaven: A History.* New Haven: Yale University Press, 1990).

McGiffert, A. C. *A History of Christian Thought.* 2 vols. New York: Charles Scribner's Sons, 1950.

Nash, Ronald H. "Illumination, Divine." *Augustine through the Ages: An Encyclopedia.* Edited by Allan D. Fitzgerald, O.S.A. Grand Rapids,

Michigan: William B. Eerdmans Publishing Company, 1999.
O'Donnell, James J. "Augustine: his time and lives." *The Cambridge Companion to Augustine*. Edited by Eleonore Stump and Norman Kretzmann. Cambridge: Cambridge University Press, 2001.
Outler, Albert C. "The Person and Work of Christ." *A Companion to the Study of St. Augustine*. Edited by Roy W. Battenhouse. rand Rapids, Michigan: Baker Book House, 1979.
Payne, Robert. *The Fathers of the Western Church*. New York: The Viking Press, 1951.
Pelikan, Jaroslav. *The Christian Tradition. A History of the Development of Doctrine, Vol. I: The Emergence of the Catholic Tradition (100-600)*. Chicago: The University of Chicago Press, 1971.
Portalié, Eugène S. J. *A Guide to the Thought of Saint Augustine*. With an introduction by Vernon J. Bourke and translated by Ralph J. Bastian, S. J. Westport, CT: Greenwood Press, Publishers, 1975.
Possidius. *The Life of St. Augustine*. Las Vegas, NV: Beloved Publishing, 2024.
Quinn, John M. O.S.A. "Time." *Augustine through the Ages: An Encyclopedia*. Edited by Allan D. Fitzgerald, O.S.A. Grand Rapids, Michigan: William B. Eerdmans Publishing Company, 1999.
Richardson, Cyril C. "The Enigma of the Trinity." *A Companion to the Study of St. Augustine*. Edited by Roy W. Battenhouse. Grand Rapids, Michigan: Baker Book House, 1979.
Rovighi, Sofia Vanni. 『인식론의 역사』. 이재룡 역. 서울: 가톨릭대학교출판부, 2004.
Schaff, Philip. *The Creeds of Christendom*. 3 vols. New York: Harper & Brothers, 1919.
_______. *History of the Christian Church*. 8 vols. Grand Rapids: Wm. B. Eerdmans Publishing Company, 1972.
Seeberg, Reinhold. *Textbook of the History of Doctrines*. Translated by Charles E. Hay. 2 vols. Grand Rapids, Michigan: Baker Book House, 1983.

TeSelle, Eugene. *Augustine the Theologian.* London: Burns & Oates Limited, 1970.

Teske, Roland J. S. J. *To Know God and the Soul: Essays on the Thought of Saint Augustine.* Washington, D.C.: The Catholic University of America Press, 2008.

Warfield, Benjamin B. *Calvin and Augustine.* Edited by Samuel G. Craig. Philadelphia: The Presbyterian and Reformed Publishin Company, 1971.

Wetzel, James. "Predestination, Pelagianism, and foreknowledge." *The Cambridge Companion to Augustine.* Edited by Eleonore Stump and Norman Kretzmann. Cambridge: Cambridge University Press, 2001.

Wills, Garry. *Saint Augustine.* New York: Viking Penguin, 1999.

Windelband, Wilhelm. *History of Philosophy.* Translated by James H. Tufts. New York: Harper & Row, 1958.